REINVÉNTATE, EMPRENDE Y APRENDE

Si emociona imaginarlo, imagina conseguirlo

Susy Nieto

REINVENTATE, EMPRENDE Y APRENDE
Primera edición: 2021
© Susy Nieto
© I.S.B.N.: 9798531997814

www.libroscontenea.es

Imprime: Amazon EU

Cualquier forma de reproducción, distribución, comunicación pública o transformación de esta obra, cubierta y textos solo puede ser realizada con la autorización de Susy Nieto, titular de los derechos de la propiedad intelectual y recogidos en la Public Law 110-403, 122 Stat. 4256 (https://wipolex.wipo.int/en/text/173563) y en Ley 21/2014, la Ley de Propiedad Intelectual, (https://www.boe.es/eli/es/l/2014/11/04/21)

SUSY NIETO

#REINVENTATE, EMPRENDE Y APRENDE

TRILOGÍA TIEMPO Y VIDA

El 10% de beneficios de este libro y e-book serán donados a La Asociación Madre Coraje de Córdoba

NOTAS A LA PRIMERA EDICIÓN

Los capítulos que componen este libro han sido recopilados del blog de Susy Nieto http://asunnieto.es/blog/ donde la autora de este libro lleva escribiendo desde 2013 sobre desarrollo personal, espíritu emprendedor, expectativas, inteligencia emocional, libros recomendados, salud y más temas con el objetivo para potenciar las relaciones humanas a nivel personales y profesional.

En su web, http://asunnieto.es/ , también podemos conocer más a la escritora, sus objetivos, videos y escuela online. Estamos ante una escritora que está presente en Internet, desarrollando una gran actividad profesional y de divulgación.

Además, Susy nieto participa activamente en la red social Womenalia (https://www.womenalia.com/) dónde la escritora divulga sus ideas, compartiendo sus artículos, y conversaba con otras profesionales.

La presente edición recopila toda la experiencia. Tienen en sus manos una edición con los mejores post o artículos del blog, que han sido mejorados, editados y maquetados, con toda la experiencia de publicación y feedback del blog de Susy Nieto y de la red social Womenalia, para crear un libro único en el que las ideas desarrollas en Internet encuentras un nuevo espacio de desarrollo y difusión.

Por lo tanto, leerán una edición especial creada por Susy Nieto y con la colaboración Libros Con Atenea y única en el mercado.

Dedicado a mi marido, con el cual he aprendido muchísimo sobre la generosidad y espero aprender aún más sobre la grandeza de las buenas personas

#SUMARIO

Agradecimiento	5
Índice·	· 10
Prólogo	· 13
Sobre la autora	207

INDICE

¿Resistirse O Aceptar? 15
Claves De Acceso En Tu Reinvención Personal 21
Envejecer O Crecer. 25
En Qué Lado De La Balanza Te Sitúas 25
Fluyes Con La Vida O Te Resistes 31
Focaliza E Irradia Tu Acción Luminosa 37
Afronta Las Preocupaciones De Forma Saludable 41
Empieza El Día Con Energía 45
Recupera Tu Esencia 51
Para Querer Y Crecer En Armonía Haz Las Paces Con Tu Pasado 55
Cambia El Enfoque No Pasa Nada Todos Nos Equivocamos 59
5 Pasos Para Comenzar A Fluir En Una Vida Minimalista. 63
Define Tu Estilo De Vida Con Un Cambio Que Te Hará Mejorar 67
Define Tu Estilo De Vida Con Pequeños Cambios.Ii Parte 75
Nueva Estación,Nuevos Comienzos 81
Emprender Es Una Aventura Agradable 85
Emprender, Quien Dijo Que No Hay Trabajo 91
8 Pasos Claves Para Emprender Tu Negocio Fácilmente 95
Como Lo Estoy Haciendo, Mi Historia En El Emprendimiento 107
Date Un Respiro Tecnológico 117
Mejora Tus Relaciones En El Trabajo 121
Maneja Tu Ira, No Pierdas Más Tiempo. 6 Tips Para Relajarte 127
La Pereza, Tu Amiga O Tu Enemiga.5 Tips Para Alejarla 141
Si Trabajas Desde Casa Hazlo Con Amor.Todo Será Más Fácil 151
8 Tips Para Dejar De Perder Tiempo En Las Reuniones 159

Existe Coherencia Entre Tú, Tus Valores Y Los De Tu Empresa 167

7 Formas De Ser Más Audaz Y Valiente En Tu Vida Y Tu Trabajo 173

Pautas Para Dar Un Giro A Tu Vida En El Plano Profesional 181

A La Vuelta Al Trabajo, Ilusión E Inteligencia Emocional 187

Emprende De Corazón. 4 Tips Para Crecer Ayudando A Los Demás 191

10 Claves Para Ser Alguien Importante 197

Para Emprender, Riega Tu Vida. Conecta Tu Motivación Interna 203

Sobre La Autora: Susy Nieto 207

PRÓLOGO

Me siento muy contenta por escribir este prólogo para el libro de Susy. La autora comparte con nosotros desde la sencillez, parte de su conocimiento.

Nos recuerda que vivimos en eterna transformación y que cuando nos liberamos del miedo se abre un nuevo horizonte de enormes posibilidades.

Nos anima a no perder el tiempo en situaciones que nos roban energía, ya que tiempo y vida son sinónimos y cuando perdemos el tiempo estamos perdiendo parte de nuestra vida.

Nos indica que la gratitud y la aceptación forman parte del camino de la transformación y cuando no podemos cambiar una situación tenemos el reto de cambiarnos a nosotros mismos para ver la situación desde otra perspectiva.

Me encanta la idea que propone Susy de elegir entre envejecer o crecer. Desde luego, yo elijo crecer cada día, cada minuto, cada segundo, es mi motivación en esta vida.

Y lo más importante: Nunca es tarde para nada. Nunca es tarde para convertirte en una nueva persona, emprender y vivir de una nueva forma. Nunca es tarde para ser feliz. Como dice Susy:

"Enfócate en ser la mejor versión de ti misma, y el éxito te seguirá".

PAZ CALAP

Coach, experta en mindfulness y PNL. Autora, profesora universitaria y conferenciante.

¿RESISTIRSE O ACEPTAR?

Si o Si tenemos que aceptar una nueva Realidad.

Hay momentos en la vida en los que tenemos que elegir y sólo caben dos posibilidades y ahora estamos pasando por uno de ellos:

- Quemar los últimos cartuchos.
- O dar por perdida la batalla.

Siempre se ha dicho que tirar la toalla suele asociarse a la falta de coraje, pero muchas veces aceptar la realidad y hacer una retirada a tiempo no sólo es la opción más inteligente sino también la que implica más valor.

Más que tirar la toalla yo diría que hay que renovarla.

Dicen los terapeutas que lo que se resiste, persiste y lo que se acepta se transforma.

Te agarras entre seguir luchando a brazo partido para conseguir: un objetivo, un título, un ascenso, mantener a flote una relación, etc... o dejarlo y cerrar un episodio en tu vida.

SAL DE DUDAS

- ¿Qué no estoy aceptando? A veces la meta se nos resiste, desear que las cosas sean distintas a como son, es la base de muchos de nuestros desencuentros. ¿Qué nos falta? ¿Qué no estoy aceptando?

- Tal vez no sea el camino para llegar a la meta o tal vez si pero el objetivo es tan solo un espejismo al que no llego pues no existe, no es real... tal vez no era el momento o nos estaba suficientemente preparado.

- ¿Qué es lo que me mueve? Analiza que energía o para que te mantiene en ese objetivo ¿es la ilusión? ¿Necesidad de demostrar algo? ¿De contentar a alguien? ¿De aspirar a más?

La insatisfacción es lo que permite el progreso de la ciencia, las artes y todo lo que tiene que ver con la sociedad, pero cuando se vuelve crónica nuestro día a día deja de ser un estímulo para teñir de negatividad nuestra vida.

Mide tus fuerzas y valora si merece la pena seguir remando contracorriente. Si hace tiempo que te cuesta disfrutar de las pequeñas cosas, te falta energía y has perdido sintonía con la vida, es probable que hayas llegado al límite

- ¿Qué me impide abandonar el proyecto? Cerrar un negocio que me daba demasiados quebraderos de cabeza o poner punto final a una relación complicada puede resultar difícil, pero cuando aceptamos la realidad podemos conseguir aprendizajes y construir un nuevo punto de partida.

Haz tuyas las palabras de Reinhold Niebuhr:

"Señor dame serenidad para aceptar lo que no puedo cambiar, valor para cambiar lo que si puedo y sabiduría para reconocer la diferencia."

REINHOLD NIEBUHR

Hay personas que tiene alergia a los cambios, pues ello implica dejar atrás una realidad conocida, aunque para entrar en algo nuevo. Salir de tu zona de confort no es fácil, pero lo mejor es pensar que vivimos en eterna transformación.

Una de las estrategias es dejar de poner foco en lo que pierdes y ponerlo en lo que ganas.

Dejar atrás algo, como un trabajo, una relación puede ser doloroso, pero también liberador porque se abre un nuevo horizonte de posibilidades.

Da tiempo al tiempo, fluye con la vida y confía.

Si quieres una sabiduría y felicidad constante debe acomodarte a cambios frecuentes.

Utiliza cualquier pequeña o gran transformación como un cambio de rol en el trabajo, un traslado, como palanca de cambio hacia el crecimiento personal, en el lugar de ofuscarte o lamentarte y acepta y asume el desafío que se esconde detrás.

ENCUENTRA LA SALIDA:

1. Cambia el punto de vista: cuando nos resistimos a algo, ponemos toda la atención en lo que no queremos que suceda en vez de centrarnos en el para qué está sucediendo, que puede enseñarnos y cómo podemos transformar la situación.

2. Suelta el lastre: el exceso de control nos desgasta física y emocionalmente, acota lo que esta y no está en tu mano hacer ya partir de ahí pasa a la acción, recuerda además que hay

cosas que se escapan de la razón y de la lógica.

3. Mira hacia delante: Cuando nos enfrentamos a un conflicto, nuestro instinto nos empuja a luchar o escapar. Piensa que a medio camino entre la resistencia y la resignación que sentimos al huir se encuentra la aceptación.

4. Bajar las armar y asumir los hechos te ayudará a alinear con la realidad ya movilizar esa energía transformadora que nos mantiene en pie y nos impulsa hacia delante.

Reservarte un tiempo para ti y reflexiona y te darás cuenta que hay cosas por las que no merece discutir o perder el tiempo te roban energía, tiempo y vida.

Recuerda Menos es Más. Práctica el Kaizen.

CLAVES DE ACCESO EN TU REINVENCIÓN PERSONAL

La solución está dentro de ti tan sólo tienes que vivir en equilibrio, buscar serenidad y tener confianza.

En esta vida no necesitas nada más de lo que tienes para cambiar casi todo lo que te propongas.

Hay muchos médicos que opinan que estar sano empieza por uno mismo, encontrar el equilibrio y para eso lo que pensamos, sentimos y hacemos debe estar alineado.

UN NUEVO ENFOQUE

La ilusión es tu vitamina: tener los cinco sentidos activados como cuando éramos niños, nos permite ir a la caza de buenos momentos y mantenernos plenamente vivos.

1. Sentir con el corazón y entrenar el arte de escuchar, mirar y tocar. Busca un punto de placer o diversión en todo lo que hagas y emociónate como cuando eras un niño, con esta actitud te sorprenderás cada día disfrutando de cada momento.

Hay una frase del filósofo Ralph Waldo Emerson, que dice "La alegría cuanto más se gasta más queda"

2. Cambiar el foco es el correctivo frente a la frustración.
Olvídate de las palabras que implican obstinación, pero también sufrimiento, sacrificio, lucha a brazo partido y apuesta por la constancia y el compromiso para mantener tu rumbo fijo.

Ante un desafío acepta los sentimientos que te inunden –frustración, tristeza, etc.-pero no te dejes vencer por las circunstancias.

¿Cómo? Pon la atención en lo que funciona y en lo que realmente importa.

Si no encuentras una explicación lógica a lo que acaba de suceder, tómatelo como una bendición del universo.

¿Cuántas crisis han demostrado ser auténticas oportunidades?

3. Cree en ti. Para cualquier cambio, el ser flexible, reordenar las prioridades y escuchar es el mejor punto de partida en cualquier situación de cambio.

Para alcanzar un nuevo objetivo es clave recordar logros conseguidos en el pasado y confiar en tu trabajo y talento.

4. El lorito que te habla y te juzga es tu juez interior que al menor descuido antepone su discurso para boicotearte y minar tu confianza.

No le des alas.

Las palabras que curan no juzgan, todo lo contrario, transmiten comprensión y apoyo.

Los deportes de élite saben muy bien que las mayores victorias son de tipo psicológico.

5. La gratitud es la mayor inmunización: la apreciación es la mejor medicina contra el victimismo.

Puedes levantarte y enfadarte con el mundo, pero no te instales en ese sentimiento de frustración o injusticia. Aparca la susceptibilidad y no dejes que el derrotismo sea tu modo de vida.

Cuando no podemos cambiar una situación, nos queda como reto cambiarnos a nosotros mismos.

El equilibrio es la clave para una vida exitosa, no niegues tu mente, cuerpo o espíritu. Invierte tiempo y energía en todos por igual, será la mejor inversión que habrás hecho. Hay que estar en armonía, conectar con la naturaleza, la máxima expresión del equilibrio es una buena fórmula para recuperar ese eje central.

Buscar el silencio también aporta serenidad y además activa la creatividad, de gran utilidad cuando no encontramos soluciones por las vías convencionales.

¿Sabías que dejar vagar la mente ayuda a eliminar las toxinas que fábrica el cerebro? Asumir que nuestros depósitos de energía se agotan y que nuestra voluntad es limitada es otra estrategia que permite medir nuestras.

Reservarte un tiempo para ti y reflexiona y te darás cuenta que hay cosas por las que no merece discutir o perder el tiempo te roban energía, tiempo y vida.

Recuerda Menos es Más. Práctica el Kaizen.

Una de las estrategias es dejar de poner foco en lo que pierdes y ponerlo en lo que ganas.

ENVEJECER O CRECER. EN QUÉ LADO DE LA BALANZA TE SITÚAS

Envejecer o crecer

¿En qué lado de la balanza te sitúas?

La experiencia, es un don y como tal hay que disfrutarlo y sobre todo aprovecharlo.

En este tiempo de confinamiento, ¿Qué has hecho? ¿Cómo te estas sintiendo?

¿Lo has aprovechado o te estas dejando llevar?

Todo esto que está ocurriendo es una oportunidad que se nos brinda para parar y reflexionar.

Algo estamos haciendo mal y ahora es momento de crecer, innovar, desarrollar y dar un giro a nuestra vida si crees que la estas desaprovechando.

Es momento de transición, cambio, reinvención.

Como siempre el cerebro es traicionero y si crees que algo es malo, al final lo acabará siendo, así que si tú eres de las que piensa, que envejecer es malo, al final lo acabará siendo.

La idea de que la crisis de la mediana edad resulta inevitable es dañina y puede desencadenar un auto profecía cumplida. Lo que crees, creas.

Hay muchos falsos mitos que se crean alrededor de la edad que se crean en una sociedad como la nuestra, que mitifica la juventud, genera una visión negativa que no ayuda en nada.

Sin embargo la mayoría sabemos que los años de vida dan experiencia y sabiduría, cuando se ha crecido sanamente y se ha aplicado el sentido común.

Espero que de todo esto saquemos algo muy provechoso y podamos ser mejores en todo.

Hay que derribar los estereotipos en torno a la edad, al tiempo pasado y al que queda por venir.

Es ahora cuando debemos reaccionar y cambiar. Es una opción dada.

Por si aún no lo ves o no lo sientes cumplir años tiene muchas Ventajas:

1. Se gana en productividad:

En la época industrial, hacía falta un cuerpo joven para ser útil hoy en día se prefiere el conocimiento y la experiencia, ya que la productividad aumenta con los años, sobre todo en trabajos que requieren habilidades sociales, como en puestos de atención al público y sobre todo en dirección de equipos.

2. Se gana en creatividad:

Con la edad la inteligencia se mantiene, pero la creatividad se va desarrollando y creciendo. Esto se debe a la experiencia acumulada, pues somos más tolerantes con nuestras imperfecciones y también con los demás.

Buscamos la innovación y el progreso de forma excelente y en lo que para nosotros es suficiente; no creemos en la perfección.

3. Somos más Equilibradas.

Conforme nos hacemos adultos vamos desarrollando nuestras habilidades, ganamos en sabiduría y en gestión emocional, vamos cambiando nuestro enfoque vital, las emociones positivas duran más y las negativas se toleran mejor.

Muchas veces el hecho de no vivir el presente, y estar más preocupado por el futuro hace que nos sintamos aún más mayores y encima no disfrutamos del ahora.

Hay que esforzarse, por tener nuevas metas u objetivos y trabajar por ellos para conseguir una vida más plena.

En eso consiste el viaje de la vida y ahora estamos en una parada que hay que saber cultivar.

Si no te gusta lo que tienes siempre puedes dar un giro a tv vida, reinventarte y buscar nuevos propósitos que den significado a tu día a día para encontrar sentido a lo que sientes y haces.

Mantén vivo el entusiasmo, busca nuevas motivaciones y sobre todo da todo lo que puedes pues recibirás más de lo que tú crees.

Para alcanzar un nuevo objetivo es clave recordar logros conseguidos en el pasado y confiar en tu trabajo y talento.

El crecimiento personal te permite pensar a lo grande y tus miras se convertirán en vista de águila.

Ahora yo te pregunto:

¿Estas abierta a la novedad?

¿Pones continuamente excusas ante nuevos retos?

¿Cultivas las relaciones?

¿Sabes dejar ir cuando hay algo que ya no te aporta?

¿Sabes reírte hasta de tu propia sombra?

Si has contestado que si a todas estas preguntas entonces creces bien.

Reservarte un tiempo para ti ahora que puedes, no hay excusas y reflexiona. Te darás cuenta que hay cosas por las que no merece discutir o perder el tiempo te roban energía, tiempo y vida.

Recuerda Menos es Más. Práctica el Kaizen.

FLUYES CON LA VIDA O TE RESISTES

Ser flexible, abre puertas, abre la mente te hace ser más feliz

Las personas que tienen una mente abierta son más felices y se sienten más a gusto con ellas mismas.

Esta virtud cobra especial importancia en vacaciones cuando toca gestionar las salidas de tono de un familiar, o los fines de semana cuando llegan los hijos de estudias fuera o aceptar un plan aguado por la lluvia, o que en el peor de los momentos el wifi deje de funcionar y la conferencia, no se puede realizar.

Ármate de paciencia y... ¡¡Adáptate a las circunstancias!!

Tener ideas muy rígidas, además de ser peligroso, por los conflictos que conlleva, coloca nuestra mente en una posición extrema o blanco o negro- auto exigencias y malos ratos que pueden evitar ser más llana. Se olvida la extensa gama de colores.

Se suele decir que tenemos un GPS mental, y que las personas emocionalmente sanas no son rígidas, ven las distintas alternativas posibles y ante cualquier cambio volver a reiniciarse para buscar nuevos caminos.

La causa del porque tendemos a caer en los extremos.

1. Claridad y Orden: para que el cerebro funcione correctamente las órdenes deben ser claras y concisas para guardar en sus carpetas correspondientes. Ponemos etiquetas y aún lo tenemos más fácil de encontrar, pero a veces simplificamos tanto que nos olvidamos de los detalles de los matices.

Lo que marca la diferencia, son las excepciones, la riqueza de pensamiento, la realidad transformada una y otra vez a nuestro antojo y eso nos envuelve y nos hace especiales y únicas.

2. Confundimos términos: ser flexible no significa ceder, ser sumiso o dócil, ser flexible como el bambú te mantiene firme y seguro.
3. Por lo pronto respetamos otros puntos de vista, y eso denota madurez y tolerancia.

Una persona flexible tiene criterio, pero no verdades intocables, si no mente abierta al cambio.

Beneficios de adaptación al cambio y Actitud Liberadora.

1. Ensancha límites: Mi madre me decía que yo era una veleta, pues cambiaba mucho de opi-

nión, y ahora lo entiendo. Desde chica yo rompía mis propios esquemas, nos los tenía definidos por siempre.

Mi mundo era enorme y el conocer gente diferente en distintos lugares me dio la oportunidad de tratar con otras personas que aunque no tienen nada que ver conmigo me enriquecieron, o probar comidas diferentes... todo te hace expandirte... eso es lo que vivo y siento cada vez que viajo a distintos sitios y me encanta.

No hace falta irse muy lejos, e incluso en tu propio hogar puedes establecer o cuestionar límites y hacer relucir nuestro talante negociador.

Pero el cambio es bueno y no hay que etiquetar a la gente como veletas, simplemente vamos adaptándonos más rápido a los acontecimientos.

2. Todo son ventajas, aunque hay que saber convivir con personas excesivamente rígidas y eso a veces hace daño. Cuanto menos riguroso seas, más permisivo te mostraras no solo con los demás sino contigo misma.

Aprenderás continuamente y tendrás nuevas oportunidades de hacer o conocer situaciones en lugares, personas diferentes.

Ser flexible, simplifica el día a día, te ayuda a alcanzar un estado de paz interior y además resulta enriquecedor.

Nada esta predeterminado, tienes acceso libre y tendrás menos carga en tu interior.

Serás poderosa.

Libertad de acción, se puede cambiar de planes sin problemas ello no es cambiar de opinión, como decía mi madre, o de forma de actuar, ni es una derrota, ni una debilidad ni inseguridad ¡¡Todo lo contario!! Demuestra que eres una persona que se cuestiona y evoluciona

Es menos malo tener inquietudes e indagarlas que descansar en el error.

Reservarte un tiempo para ti y reflexiona y te darás cuenta que hay cosas por las que no merece discutir, te roban energía, tiempo y vida.

Es menos malo tener inquietudes e indagarlas que descansar en el error

Objetivo ser tu misma de la mejor manera y quitarte las máscaras que falsean tu vida.

FOCALIZA E IRRADIA TU ACCIÓN LUMINOSA

Cómo identificar y poner foco en lo verdaderamente importante

Existen 4 + 1: claves del éxito personal y profesional:

- DESEO: lo tienes
- DECISIÓN: a veces
- DETERMINACIÓN: te hace falta
- ACCIÓN CONSCIENTE Y CONSTANTE: yo te ayudo

¿Te gustaría lograr todo lo que te propones? Sigue leyendo.

Cada día compruebo cómo la mayoría de las personas dedican su atención, tiempo y energía a cosas poco importantes, banales, sin sentido. Y me pregunto ¿Por qué? Por más que lo pienso, me resulta una actitud totalmente irracional, por 4 motivos:

- No nos sentimos felices con esta forma de actuar.

- En el fondo, sabemos lo que es importante.

- En el fondo, también sabemos qué necesitamos cambiar.

- La vida es muy corta, somos mortales, y por tanto nuestro tiempo está limitado.

El problema es que solemos emplear en acciones que nos den satisfacción o rendimiento a corto plazo, o bien en acciones que sean fáciles o rápidas de realizar. Nos convencemos a nosotros mismos de que son cosas que "hay que hacer" y además, que es mejor dejar de arriba para poder abordar después las cosas verdaderamente importantes de nuestra vida.

Sin embargo, qué paradoja, nos pasamos así semanas, meses, años de nuestra vida. Y con ese círculo vicioso nunca llegamos a emplear nuestra energía y tiempo en afrontar los retos realmente importantes. Y yo me pregunto: ¿Por qué, si son tan importantes esas decisiones o acciones pendientes, las vamos aplazando o posponiendo una y otra vez?

Los objetivos y actividades importantes son difíciles, complejos, requieren que yo cambie determinadas actitudes o juicios que tengo, o requieran de mí un esfuerzo especial, y como ya estoy cansada de hacer los millones de tareas inútiles y absurdas del día a día, no me quedan fuerzas para afrontar lo importante. ¿Te suena?

El otro motivo de que no hayas cogido el toro por los cuernos aún es porque hagas lo que hagas ahora, no vas a recibir rendimiento o beneficios hoy, ni mañana, ni probablemente próximo el mes.

Lo más seguro es que, si es una acción importante, te proporcione beneficios o satisfacción en un medio o largo plazo, rara vez a corto plazo. De hecho, cuanto más a largo plazo sea el beneficio, más importante es esa tarea o acción.

Por último, los grandes logros sólo se alcanzan repitiendo una y otra vez una acción, decisión o conducta. No se puede alcanzar la cima de una montaña dando el primer paso, por muy grande que haya sido dicho paso.

Así que las 3 claves para identificar lo realmente importante de tu vida, esas acciones, tareas o actividades a las que debes dedicar tu energía y tiempo, son:

- Las actividades o tareas que te van a proporcionar un beneficio en el largo plazo.

- Las tareas o acciones difíciles, que requieren esfuerzo o cambios en tu forma de pensar o actuar.

- Las tareas o actividades que necesitan realizarse repetidas veces, de forma regular, durante un tiempo largo para lograr resultados.

Si analizas estas 3 claves, te darás cuenta de que hay muy pocas cosas verdaderamente importantes en tu vida. Tal vez dos o tres retos, metas o actividades, a las que poner foco y energía. Si identificas muchas, entonces te estás equivocando, y vas a entrar en el síndrome del "Todo es importante y urgente".

No te engañes, simplifica y quítate de encima la basura, y pon el foco en lo realmente importante.

Tu vida dará un cambio radical en muy poco tiempo.

¿Quieres conocer que profesionales nos hemos unido para que consigas todo esto? Localízame y te lo diré.

AFRONTA LAS PREOCUPACIONES DE FORMA SALUDABLE

Hay personas que se dedican a vivir el futuro de forma obsesiva, y dejan pasar su vida sin darse cuenta a duras penas.

No viven ni siquiera en piloto automático sino de forma obsesiva con miedo o angustia hacia lo que se avecina.

Dónde podemos actuar es en el aquí y en el ahora, lo demás sólo te servirá para gastar tiempo y salud.

Si vives pensando siempre preocupada por lo que aún no ha pasado y puede pasar, lo único que te traerá son problemas.

Nadie puede adivinar ni tener certeza de lo que puede ocurrir en un rato, ni siquiera en una hora ¿cómo vamos a saber lo que ocurrirá mañana?

Pensar en ello y hacer simulaciones distintas sobre lo que puede ocurrir, y si... y si... te crea ruido mental, angustia.

A la hora de la verdad cuando llega ese momento, la catástrofe que tanto te preocupa, a menudo, resulta ser menos horrible en la realidad de que lo que fue en tu imaginación dijo el escrito Wayne Dyer.

Recuerdo estar en la universidad, salir de un examen con la duda y pasarme toda la noche haciendo indagaciones mentales... visualizando el examen, las preguntas, las respuestas, los cálculos, casi me vuelvo loca.

Y luego para que... aprobé... y me pase dos noches sin dormir.

Hecho estaba y de nada me sirvió rehacerlo mentalmente, casi me cuesta un disgusto.

Pensar en el futuro puede ser ventajoso, pero, como todo, con equilibrio con sentido común y no desesperación. Anticiparse a lo que puede pasar de nota interés y te ayudará a preparar posibles soluciones a los problemas y en cuestión de salud, cuidarte hoy para estar bien mañana es la mejor decisión.

Esa es la manera de preocuparse de una manera coherente. Pero si piensas que todo irá mal y afrontas el futuro con ansiedad, te resultará complicado ser feliz y no te servirá para prevenir lo que temas que pase, no tendrás fuerzas ni energía para sobrellevarlo.

Sé realista y mantén la calma

Encara el futuro de forma positiva con los pies en el suelo. Lo hecho, hecho esta y hay que estar preparada, alerta, pero en serenidad.

Tal vez esto te ayude:

1. **Acepta la incertidumbre**. No eres adivina, y nadie sabe lo que va a pasar mañana. Todo pasa y unos problemas se comen a otros al igual ocurre con las preocupaciones, se comen unas a otras ya pesar de ello se sigue viviendo.

2. **Céntrate en el presente**. Vive con la atención plena activada, el hoy, el ahora .Te va a liberar del exceso de preocupaciones sobre lo que pasará. Para crear un futuro y actuar en él hay que manejar el presente pues aquí si tenemos poder y margen de maniobra.

El secreto del bienestar es olvidarse del pasado y futuro y vivir el momento presente (Buda.)

3. **Plántale cara a la negatividad.** Sobre todo, a aquellos pensamientos irracionales que sean muy improbables que se conviertan en realidad. Hay que acabar con ellos o transformarlos.

¿Cómo? Cuestionándolos. Pregúntale a otra persona que está preocupada por lo mismo o en la misma situación. Su visión, te hará darte cuenta de que es erróneo seguir en esa postura.

¿Cómo? Cuestionándolo. Pregúntate que le dirías a alguien que está pasando por lo mismo.

4. **Relájate:** existen herramientas que te ayudarán a controlar tus preocupaciones y afrontar mejores las dificultades. Ejercicios de relajación y meditación.

5. **Abandona los malos hábitos:** Dormir las horas necesarias o hacer ejercicio de forma regular está directamente relacionado con el bienestar. Al contrario, los malos hábitos te harán más vulnerable a la ansiedad y por lo tanto te impedirán ser feliz.

6. **Perdónate los errores:** Para afrontar el futuro con ilusión debes sacarte de tu cabeza los fantasmas de tu pasado. No puedes estar constantemente atemorizada pensando que te volverás a equivocar. Asume lo, sigue hacia adelante y rectifica lo que sea necesario. Nada perdura para siempre.

El secreto del bienestar es olvidarse del pasado y futuro y vivir el momento presente.

(BUDA)

EMPIEZA EL DÍA CON ENERGÍA

¿SABES CÓMO EMPEZAR TU DÍA?

Si eres de las que se levanta con el tiempo justo y de mal humor o eres de las que sales corriendo de casa..., muy mal empiezas el día y sabes que esa actitud solo trae malas consecuencias.

¿No crees que ya es hora de cambiar? Mañana mismo deberías empezar y poner en práctica todo lo que te voy a decir

1. Levántate con buen pie y con ilusión.
   - Adelanta el despertador si es necesario los primeros días para darte cuenta que así no puedes seguir, para ello pon una melodía en el despertador que te de buenas vibras y no te ponga de mala uva... no puedes ir siempre con el piloto automático.-Eso causa estrés
   - Levántate a la primera, pues si lo pospones cinco minutos y después otros cinco minutos, estarás después más cansada.
   - Adelanta la hora en la que te acuestas, si o si... y si te cuesta dormir, empieza a leer ese libro que hace tiempo te está esperando en el cajón de la mesilla, o simplemente haz un escaneo de tu cuerpo y escucha un mantra

para relajarte y entrar en meditación... ¡hay tantas cosas que puedes hacer y están en tu mano!

- Con estas dos, podrás descansar las horas necesarias, dormir profundamente una vez que hayas adquirido el hábito y te darás cuenta que el día no te controla a ti, sino que eres tú quien controla al día.

2. Haz ejercicio

- Andar, nadar, subir escaleras, lo que sea pero haz ejercicio porque así liberaras endorfinas (hormonas de la felicidad) los músculos y la mente se relajan.
- Hazlo antes de ir a trabajar o camina hacia el trabajo en vez de coger el bus o en tu casa sube y baja escaleras, pero muévete.

3. Toma un buen desayuno pues te activa el metabolismo

- Siempre se ha dicho que el desayuno es la comida más importante del día por algo será.
- El desayuno tiene una gran importancia debido a que es la primera ingesta que realizamos después de haber estado un número de horas en reposo durmiendo y por lo tanto, en ayuno.

- Durante la noche, los niveles de azúcar en sangre (glucemia) bajan. Así pues, al despertarnos, nuestro cuerpo está vacío y necesita el aporte de nutrientes para recuperar los niveles de glucemia y dar energía al organismo, cosa que se consigue con un buen desayuno.
- Solo el 25% de los españoles toman un desayuno completo.
- Tan importante es desayunar como hacerlo bien.
- Dedicar tiempo al desayuno es fundamental.

4. Arréglate.
    - Cuidar tu apariencia física y sentirte guapa te ayudará a disfrutar del día con otra actitud y afrontarás todo mejor. Ponte tú música preferida a la hora de vestirte o prepara la ropa el día de antes (aconsejable) y sonríe al espejo mientras te peinas y le dices ¡Me voy a comer el mundo!

5. Motivar.
    - Si piensas desde por la mañana en algo que te ilusione, algo que debes hacer o vas a ver o te va a suceder unas horas más tarde... eso te ayudará a afrontar mejor el día, como por ejemplo quedará con una amiga al finalizar la jornada, ir al cine, preparar una cena romántica, en fin, hay un mundo de motivaciones.

6. Se agradecida
    - Soy muy repetitiva, pero el ser agradecida, te ayudaría en todo. Hay que valorar todo lo bueno que tienes, cada día es un regalo y hay que disfrutarlo... estar vivo, respirar, pensar, disfrutar, amar, sentir cada día es lo más-y lo tienes ahí, y ni siquiera te das cuenta.

7. Sonríe.
    - Jamás dejes de mostrar tu sonrisa, una buena actitud al levantarse condiciona todo el día... tu sonrisa puede cambiar tu día, pero no dejes que el día cambiar tu sonrisa, para todo hay solución... y con ella atraerás lo positivo, aumentará tu poder de seducción y será fuente de felicidad incluso contagiarás tu estado.

Reservarte un tiempo para ti y reflexiona y te darás cuenta que hay cosas por las que no merece la pena enfadarse ni empezar el día con mal pie, te roban energía, tiempo y vida.

Recuerda Menos es Más. Práctica el Kaicen.

RECUPERA TU ESENCIA

La felicidad ya no es solo un motor para impulsarnos en nuestros quehaceres diarios, ahora se ha convertido en una meta y la hemos adornado tanto que en vez de acercarnos a ella, estamos cada vez más alejados.

1. Deja de positivarlo todo: está bien ser positivo, pero si hay algo que no nos gusta o nos indigna no lo filtremos para encontrarle el lado rosa. Una cosa es sacar lo bueno en todo lo malo, si es que lo hay y otra cosa es fingir ser una persona que no somos, con tal de gustar a más gente.

Una cosa es la queja constante y sentirse víctima, y otra cosa es la disconformidad ante algo. Ser o marcar diferencia no es malo, al contrario es ser auténtico, fiel a tus principios y valores.

No renuncies a ese espíritu crítico y rebelde por miedo a ser la nota discordante.

2. Sed de reconocimiento: Más de 1/3 de nuestros problemas en las relaciones se dan por querer complacer a los demás y obtener su aprobación. Termina con esto y ahora empieza a ser auténtica, haz las cosas pensando en ti –criterio valores- solo así dejarás de poner tu felicidad en manos de otros.

3. Equilibrio: parámetros fundamentales. El tener y trasmitir la imagen de lo realmente somos, es lo que nos da la autenticidad y fidelidad a nuestros valores.

Hay muchas imágenes en las redes contaminadas con un exceso de azúcar que no hay que tomar como referencia... puesto que somos únicos y como tales, somos nuestro propio referente y cada vez más podemos trabajar y sacar la mejor versión de nuestra identidad.

4. Adiós a la obsesión: cada vez somos más hipocondriacos por estar lo mejor posible, ya no es suficiente estar bien.

No hay nada más doloroso que estar sonriendo cuando por dentro estas tristes.

Siempre creemos que podemos hacer algo más para ser felices; Hay que vivir la vida, y no estar preocupados constantemente de esto o lo otros me harán feliz... hay que ser feliz con lo que somos y tenemos, lo demás ya vendrá por sí solo.

Vivir en intensidad con lo que tenemos, siendo fieles a nuestros valores, diciendo asertivamente lo que pensamos y hacer en coherencia lo que queremos es lo que nos lleva a ser auténticas y nos libera de las falsas apariencias.

En tu trabajo y en tu vida ¿usas máscara para fingir ser otra persona?

Reservarte un tiempo para ti y reflexiona y te darás cuenta que hay cosas por las que no merece discutir, te roban energía, tiempo y vida.

Recuerda Menos es Más. Práctica el Kaicen.

Ser o marcar diferencia no es malo, al contrario es ser auténtico, fiel a tus principios y valores.

PARA QUERER Y CRECER EN ARMONÍA HAZ LAS PACES CON TU PASADO

El otro día hablando con una amiga y tras comentarme una preocupación que tenía con su hija, (había algo que ella sintió que no era normal y no sabía cómo arreglarlo) nos dimos cuenta que había muchas heridas por cerrar en su pasado.

Por eso hoy quería escribir sobre este tema, tan importante, pues muchas personas fracasan o se sienten fracasada tanto en el terreno personal como en el terreno profesional, pues todo influye, como la misma rueda de la vida.

Sanar las heridas es primordial para vivir en presente construyendo un futuro alentador y para ello hay que hacer las paces con una /o misma /o.

La culpa, la pena o la rabia son cargas mentales que hay que sabe liberar

Comprender, aceptar y sanar son las tres herramientas que te ayudan a volver a sonreír, disfrutar de una vida más plena y confiar en tu futuro.

¿Quieres soltar las barreras del pasado?

Solo tienes que darte la oportunidad

Es imposible volver hacia atrás y quitar aquellos momentos que por un motivo u otro, eliminaríamos sin pensarlo dos veces, esos momentos en que desoímos sabios consejos, traicionamos la confianza de alguien, no supimos mostrar el amor que sentíamos o fuimos incapaces de parar algo a tiempo.

Para que el pasado deje de atormentarnos y perseguirnos, basta con aprender a gestionar esos tropiezos, desengaños o pérdidas.

NUEVO COMIENZO SIN PARTIR DE CERO.

- La herida no se borra cicatriza, sanar una herida no implica borrar de la memoria. Tenemos que conseguir que el dolor ya no controle nuestras vidas. Hace poco leí que en Japón reconstruyen con polvo de oro las piezas de cerámica rotas, con lo cual ganan en belleza es un método milenario y se llama "Método Kintsugi".

Dichas piezas se encuentran en un objeto de culto. Esto nos sirve como una metáfora que nos enseña la importancia de la resistencia y del amor propio frente a la adversidad.

- Crecimiento: la sanación no nos repone a la persona que éramos, no es un retorno al pasado es más bien una evolución y desarrollo de nosotros mismos, algo necesario para apreciar la nueva persona que somos: más sabias, resistentes, intuitivas, sensatas, serenas. Y no te preocupes demasiado por lo que se quedó en el camino. Solo se pierde lo que se tiene pero no lo que se es... según ECKART TOLLE autor del "Poder del Ahora"

- Abre tu corazón todas a todas las emociones hay que expresarlas y saber gestionarlas, no hay que aislar el dolor ni sufrir en silencio, abre tu corazón y atrévete a mostrar lo que sientes. Date permiso para conseguirlo, sentirlo y expresarlo, aunque incomodo a otros, escúchate y descubre sus necesidades y deseos. Tu dignidad es lo primero.

- *El lado positivo*: todo es una oportunidad para crecer o un obstáculo para que crezcas, tú decides. Cada etapa de la vida es una enseñanza. Dónde siempre se aprende algo por insignificante que parezca.

- Pasa página: busca tu motivación (tus hijos, tu proyecto, tu viaje) y llénate de buenas emociones, encuentra algo a lo que aferrarte o que te motive o que te inspire. Todos tenemos misiones especiales que cumplir en esta vida. Vivir en el pasado cargando el peso de la culpa o la pena es una de ellas. Por eso empodérate y decide de una vez. Yo te ayudo

Llora, desahógate, libérate pero todo con mesura y cuando ya no queden más lágrimas toca mirar hacia el frente, seguir y ser feliz.

Una persona, que solo se enfoca en sus desgracias, nunca podrá ver lo bueno de la vida ni crecer ante las adversidades.

Recuerda Menos es Más.

CAMBIA EL ENFOQUE NO PASA NADA TODOS NOS EQUIVOCAMOS

Todos cometemos errores,

¡Que levante la mano quien nunca lo haya hecho!

Equivocarse forma parte del proceso de aprendizaje ya que nos permite adquirir experiencia y sobre todo ganar en seguridad.

Hay personas que tienen miedo de cometer errores y su vida es aburrida, como consecuencia de ello pues nunca se atreven a dar un paso al frente.

Hay que ser consciente que ante cualquier cambio siempre se puede fracasar pero es más cómodo, menos arriesgado menos doloroso seguir igual- eso es lo que piensan.

"Más vale malo conocido que bueno por conocer" es un refrán que llama a la cautela, pues afirma que no conviene arriesgar aquello que se tiene o se conoce por algo que es supuestamente mejor.

Así nunca aprenderán nada nuevo, ni crecerán personalmente.

Y yo soy de las que opinan "Más vale seguir conociendo, que estancarse de pie"

Hay que ser consciente de que los errores son normales, que nadie es perfecto y todos los cometemos y que de ellos se aprende para no volver a cometerlos

Aquí te dejo la breve historia de una gran Inventor, que nunca se vino abajo ante sus errores: Los mil intentos fallidos de Thomas Alva Edison

¿Qué hubiera sido de nosotros si no hubiera sido por él?

Es muy importante reconocer el Fallo. A pesar de todo ello, equivocarse no resultante agradable, y aceptarlo es difícil, tal vez porque desde chicos se nos ha acostumbrado que no podíamos cometer errores, que teníamos que estudiar e incluso nos castigaban cuando los cometíamos.

De ahí el miedo, la mentira, el sentirnos fracasados. Eso sí era un error, la mentalidad de antes nos frenaba, y por fin ahora en el S.XXI la mentalidad ha cambiado, y tenemos muchos consejos que nos pueden ayudar a seguir avanzando y levantarnos ante los tropiezos.

1. Admite que te equivocaste. Por lo menos lo intestaste, peor es no hacer nada y ni siquiera aprender que ese camino es erróneo y darte la oportunidad de que se puede ir por camino. Hay infinidad de alternativas.

Es necesario equivocarse y no esconderlo, pues forma parte del camino para que los que vengan detrás ya lo sepan.

Hay que aprender de la experiencia e intentar corregir los errores pues si nunca se corrigen, no se aprenderá jamás.

Así que la actitud es fundamental, debemos ser humildes y enfrentarnos a las consecuencias de esa forma será más fácil superarlo y seguir avanzando.

2. Perdónate: Ser autoexigente no sirve para nada bueno, al contrario acabará con tu seguridad y confianza en ti mismo, hay que mirar el presente con vistas al futuro pero jamás pensar en lo malo del pasado, pues eso nos consumirá, por lo que hay que soltar y seguir fluyendo, dándonos permiso, para no ser perfectas pero si buscar la excelencia.

3. No te comas el coco: Un error lo comete cualquiera y el mundo sigue... aprende la lección y olvídate del suceso. Analiza lo que salió mal y no vuelvas hacer lo mismo, así evitarás caer en el mismo error.

4. Enfócate en lo positivo: a mí me enseñaron desde hace tiempo, que siempre hay que sacar lo mejor de lo peor... así que el equivocarte te debe ayudar como lección en la vida e incluso como herramienta para mejorar como personas

y ganar seguridad en nosotros mismos. Cada vez que te equivocas te acercas más a tu objetivo, pues queda menos camino por recorrer.

5. Es una nueva oportunidad: Si no quieres cambiar quédate dónde estás pero si quieres avanzar sal de tu jaula de oro y reacciona, te están dando una oportunidad para avanzar en aquello que antes no podías por miedo, por falta de tiempo o pereza… y ahora es tu momento, aprovéchalo.

6. Un coche que siempre circula en la misma dirección nunca se desviará de su camino, pero tampoco podrá descubrir nuevos lugares.

Beneficios de ser una persona más tolerante

1. Mejorarás tu imagen ante los demás, ganas en humildad y como consecuencia serás más agradable y sincera.

2. Ganarás más capacidad de superación: Aprender a aceptar tus errores te ayudar a tolerar mejor la frustración.

3. Te conocerás a ti misma. Solo tolerando tus debilidades lograras aceptarte a ti mismo y perdonarte los posibles errores que puedes cometer.

Recuerda Menos es Más.

5 PASOS PARA COMENZAR A FLUIR EN UNA VIDA MINIMALISTA.

VIVIR CON MENOS, ¿QUE TE HACE SENTIR A TI?

¿Qué es lo que realmente te importa ahora?

Si responde a esta pregunta, te darás cuenta, que al final la respuesta es siempre la misma.

¿La sabes, verdad?

Últimamente práctico mucho el Kaizen (mejora continua) y eso conlleva disfrutar de lo se tiene sabiendo que podemos vivir con mucho menos.

¿Tienes tus necesidades cubiertas? Pues ahora céntrate en lo que realmente importa, "La Felicidad, el Equilibrio vital, la Armonía, El bienestar general".

Deja de perseguir esos sueños materiales que te atan y libérate de ellos.

Fluye y disfruta del aquí y del ahora, sin hipotecar un segundo más tu vida.

Según un gran Maestro de la psicología positiva, Martín Seligman, señala que uno de los cinco aspectos que alimentan la felicidad es lograr que nuestros sueños y deseos no se basen en cosas materiales.

5 pasos para comenzar a fluir:

1. Decide lo tú, es una elección personal, ¿qué prefiere, vivir experiencias o acumular cosas materiales? ¿Prefieres crecer y desarrollarte para ser mejor persona o acumular cosas (ropa, coches, tv,)?

Sabes que lo realmente importante, no se puede comprar, ni planear, surge y se siente.

2. Suelta: Desapégate de las cosas materiales, Menos es más, no significa que no tengas nada, sino que no dejes que nada te posea a ti. Ya sea del pasado, ya sea del futuro, sólo debes vivir el presente con lo que realmente necesitas.

3. Las apariencias engañan: tenemos más interés en hacer creer a los demás que somos felices, que en preocuparnos de serlo. Mucha gente se identifica con las posesiones que tiene y piensa que eso le da más éxito o estatus. Lo cual supone una trampa.

Para no caer en ella, tenemos, que revisar nuestra lista de propósitos y adecuarla a nuestras prioridades. Empoderar-nos en los verdaderos valores como la coherencia, la autenticidad, la satisfacción, el tiempo libre de calidad... eso es crecer y partir hacia la felicidad.

4. Reconcíliate contigo misma: tú eres natural, un ser maravilloso.
No necesitas nada más para ser feliz, pero detecta

esos pequeños agujeros negros por donde a veces se escapa tu energía y capta lo esencial que te dará la oportunidad de descubrir dónde se esconden los placeres verdaderos y la alegría duradera.

5. Identifica esos momentos de máxima felicidad y no los dejes escapar. Pregúntate.

¿Qué hace que me sientas viva? Una adquisición de algún material de deseo, te da una felicidad momentánea mientras que las emociones que se generan durante una experiencia vivida (comida familiar, concierto, viaje... las sonrisas de tu hijo) te activan las hormonas de la felicidad cada vez que las recuerdas son muy poderosas pues siempre está ahí, y puedes proyectarlas a tu presente en cualquier momento de debilidad. Para cambiar tu estado de ánimo.

¿Qué tiene valor para ti? El ser humano prefiere ser amado antes que pagado, el sentirse valorado en todas las facetas de nuestra vida es mucho más importante que tener un alto poder adquisitivo.

Recuerda que tú vales por lo que eres, piensas y creas, no por lo que tienes.

Tus 24 horas pueden dar mucho de sí, si sabes sacarle provecho y te sientes satisfecha / o, por poco que hagas siempre avanzarás sin rendirte y las energías no se agotarán y podrás obtener abundancia extra con amor y aceptación.

No es más feliz el que más tienes sino el que menos necesita

DEFINE TU ESTILO DE VIDA CON UN CAMBIO QUE TE HARÁ MEJORAR

¡Imagínate! Estás ilusionada, porque ahora crees que ha llegado de nuevo el momento de poner en práctica una meta que desde hace tiempo tienes en mente y se lo quieres transmitir a tus seres queridos aunque piensas que es normal que sientan algo de duda porque efectivamente no lo habías logrado hasta ahora ni una sola vez.

Pero tú diálogo interno se defiende y te dice: - Bueno esta vez Si cogeré la bicicleta y correré 1 hora diaria.

Estas tan segura de que lo harás que incluso visualizas ese cuerpazo de verano que estrenaras próximamente en la playa.

Pero este hábito ya es la décimo quinta vez que te lo propones en la vida.

¿Cuántas personas conoces así? ¿Algún amigo o familiar que no cumple los propósitos? ¿Te suena conocido? ¿Cuántas veces TÚ has intentado cambiar tus hábitos? ¿Cuántas veces lo ha logrado?

Sinceramente:

- ¿Cuántas veces intentaste coger la bici y lo dejaste para luego?

- ¿Cuántas veces buscaste comer más sano y un día después te encontraste comprando una hamburguesa?

- ¿Cuántas veces buscaste simplemente mejorar tu día a día pero sentiste que hubo un obstáculo?

Es normal encontrar obstáculos en el camino. Obstáculos que se interponen entre lo que eres hoy y la persona que quieres ser.

Los disfrazamos con muchos nombres:

La falta de confianza en que si puedes, la falta de constancia o disciplina, la falta de motivación, el tiempo que a nadie le sobre, la famosa fuerza de voluntad, el miedo con sus mil excusas, la confortable pereza. Uff y puedo seguir.

Tal vez tú has intentado miles de veces en ese intento por superarlos y cambiar esos viejos y malos hábitos. Has luchado y simplemente no lo has logrado. Y no es tu culpa.

El problema es que cuando queremos un gran cambio en nuestra vida, generalmente lo hacemos de la forma incorrecta pero no te desanimes porque para todo hay solución.

¿Sabes lo que son los hábitos?

Algo que haces todos los días de forma automática, como lavarte los dientes después de comer, o algo aún más claro, si sabes conducir seguro te identificas.

¿Recuerdas la primera vez que te subiste al volante del coche?

Yo, necesitaba toda mi atención para coordinar los movimientos del pedal, la palanca, los espejos, etc. Conforme paso el tiempo el esfuerzo que requiere ha disminuido y ahora ya puedo escuchar música o conversar con alguien mientras conduzco. Incluso puedo comer o hacer otra cosa (espero que no) pero podrías conducir.

Todo esto se almaceno en el cerebro como un hábito dando espacio para que el cerebro se encargue de otras cosas.

Por lo tanto <u>los hábitos</u> son comportamientos adquiridos con el tiempo. Y esto quiere decir 2 cosas importantes

- Los hábitos son adquiridos por lo que SI pueden cambiarse

- Una vez que incorpora el hábito se vuelve automático

Todas estas decisiones rutinarias se tratan de hábitos. Los hábitos son la base del cambio.

Y ¿Cómo puedes cambiar tus hábitos?

Aplica la regla del 1% de mejora o de esfuerzo para cualquier hábito.

Si mejoramos cada día solo el 1% el resultado invariablemente será positivo o por el contrario si empeoramos nuestras decisiones en muy poco, los resultados serán a la baja. En un principio, prácticamente no hay diferencia pero a medida que pasa el tiempo verás que la diferencia es enorme.

Muchas veces creemos que un cambio sólo es importante si tiene resultados grandes y notorios. Pero en realidad las pequeñas decisiones diarias, casi imperceptibles son las que tienen el poder de lograr un cambio visible.

¿Te imaginas que pasaría con tu peso?

Por muy cruel que parezca, cambias tu hamburguesa por verdura o tu pastel de chocolate de cada día por una pieza de fruta.

La decisión de mejorar solo el 1% repercute en tu peso y la mejor parte es que incorporará un hábito saludable en tu rutina diaria.

Un pequeño cambio <u>Si hace la gran diferencia</u> sobre el tiempo.

Entonces si mejoras solo el 1%, harás tan poco pero tan poco esfuerzo que NO requieres de fuerza de voluntad o motivación.

Esto además de sonar atractivo tiene ventajas en la formación de un nuevo hábito.

Vamos a dar más ejemplos...

- Tú quieres empezar con la bici. En vez de dar el primer paso con una hora diaria empieza con solo 5 minutos, de tal forma que pueda aumentarlo poco a poco al mismo tiempo que el hábito se está formando.

- Tienes el propósito de leer más libros. Empieza aumenta 2 páginas.

- Quieres comer más saludable y no sabes cómo. Empieza incorporando una porción de verduras en una de tus comidas

- Otro ejemplo. Quieres despertar más temprano y tener minutos extras en tu mañana. Empieza atrasando la alarma de poco en poco. 5 minutos es suficiente para empezar.

- Supongamos que quieres acabar ese proyecto pendiente, pero te cuesta concentrarte. Empieza por periodos cortos de trabajo.

Una vez que incorpora en tus días el hábito de hacer ejercicio de forma constante proponte otro, como comer saludable en casa y te costará mucho menos esfuerzo, y debido a una alimentación sana y al ejercicio diario, dormir mejor será automático. Pero el efecto puede seguir, porque gracias a esta energía extra que tienes tu productividad en el trabajo o en la escuela también mejora.

¡Lo estas logrando!

No te olvides:

- Mejorar el 1% es el primer paso para cambiar tus hábitos

- Cuando inicies un hábito las demás áreas de tu rutina también mejoran, pero ve paso a paso.

Como ya sabes lo que tienes que hacer, ahora te toca reforzar, lo que NO tienes que hacer.

- Cambiar todo al mismo tiempo

- Fijarte metas muy grandes que sabes no puedes lograr. Se realista contigo mismo

- Concentrarte solo en la fecha límite, porque si no cumples tu propósito en este lapso que te autoimpusiste sentirás una derrota (incluso si hiciste un progreso)

- Tener la expectativa de ser excelente desde el inicio. Recuerda que la excelencia es un hábito no un acto.

- No esperes que la motivación llegue. Ponte hábitos pequeños que no te requieran de gran esfuerzo y auméntalos poco a poco. Porque invariablemente conducen a que tengamos obstáculos y que topemos con pared. Fallando en el intento por cambiar No te desesperes, ve paso a paso. Recuerda que mejorar un solo hábito transforma positivamente tu estilo de vida por completo.

De esta manera definirás tu estilo de vida y poco a poco te convertiste sin duda en una mejor versión de ti misma.

Mejorar el 1% es el primer paso para cambiar tus hábitos

DEFINE TU ESTILO DE VIDA CON PEQUEÑOS CAMBIOS·II PARTE

¿Te pasa a veces que sientes que tu mente te controla a ti más de lo que tú controlas tu mente?

Quieres vivir una vida productiva, feliz y exitosa, pero tu mente te boicotea y no te deja avanzar a pesar de que conoces el camino para ser exitoso.

¿Sabías que no es necesario hacer esfuerzos sobrehumanos para obtener resultados positivos? A veces con hacer pequeños cambios en tu forma de pensar puedes impulsarte rápidamente hacia el éxito.

Al cambiar tu estado mental tu potencial se contagia y mejora tu calidad de vida. Para ello te traigo nuevos cambios que te impulsarán hacia tu éxito.

Transforma la envidia en curiosidad y compártela de forma sana y saludable.

Si te sientes mal e invadido por la envidia por algo que otros tienen y tú quieres intentar alegrarte por ellos, comparte su felicidad y así incrementará tu propio bienestar. Manéjala y descubre que puedes hacer o cómo hacer para conseguir lo que tú anhelas, trabaja sobre ello y te darás cuenta que los logros aparentemente imposibles de los demás no son tan difíciles de conseguir como piensas. Aprende de los mejores, modela comportamientos, actitudes, aptitudes y esta acción te abrirá nuevas posibilidades.

Elige la forma de aprender, como una opción más y no como obligación.

La vida es un continuo aprendizaje del cual se puede disfrutar muchísimo, más si lo que haces te apasiona y sino transfórmalo de manera que consiga gustarte.

Nutre tus conocimientos y disfruta del camino hacia tus objetivos, se hará más ameno.

¡Hazlo ya! en vez de decir ahora voy

Ahora es ya en el presente y no procrastines e incluso, habla como si ya hubiera pasado para así mentalizarte de que así es. Por ejemplo, en vez de decir "estoy dejando de fumar" di "dejé de fumar", te impresionará lo que te empodera ese pequeño cambio en el vocabulario.

El poder de las palabras crea realidades, evita decir cosas negativas sobre ti misma y cámbialas en positivo: "Estoy en nada", "no sirvo para", "no creo que pueda", etc., en vez de "estoy buscando qué "," Esto no está dentro de mis habilidades, pero puedo hacerlo de esta otra manera "," es un gran desafío, pero vamos ", etc.

La forma en que cómo te describe cambiará tu conducta.

Haz de ti mejor persona, y enfócate en lo bueno

<u>Enfócate</u> en ser la mejor versión de ti misma, y el éxito te seguirá. De esta manera serás exitoso, ya que el éxito depende del significado que uno le dé, para mí el éxito consiste en hacer las cosas bien, sea la tarea que sea.

Si para ti el éxito es crear un producto increíble, lograr la fama, crear algo que cambie el mundo, este método también te conduce hacia ello, porque lo que crees será muy bueno y tu reputación hará que te reconozcan como alguien que "hace las cosas bien".

La experiencia es casi más importante que los títulos o certificaciones

A veces nos boicoteamos pensando que no estamos lo suficientemente preparados, pero no olvides que la pericia viene del conocimiento y de la experiencia - no de una sin la otra y mucho menos de un cartón. El ser visto como un experto viene de lo que te ha tocado vivir, de tus experiencias, del saber sobre lo que estás hablando y del ganarte el respeto de las personas.

Jamás pienses que has perdido el tiempo, de todo se aprende.

Cuando tomas consciencia de que cada cosa que te ha pasado en la vida ha sido importante te das cuenta de que nunca verdaderamente se pierde el tiempo.

Todo importa, todo aporta. Los errores también, pues son aprendizajes. La vida tiene una forma misteriosa de ir mostrándote el camino. Cuando estás bien despierta y consciente de la vida es como si te reconciliarás con ella.

No hay que ser competitivo si no correr en la dirección correcta.

Todos llegamos tarde o temprano a nuestras metas si sabemos ir en la dirección correcta, no importa ser el último, lo importante es disfrutar de tus propios méritos y aprender de la experiencia.

Una vez que empiezas y terminas, te fortaleces y te preparas mejor para la siguiente.

Siguiendo la metáfora de la vida, lo importante no es ganar, es participar, aprender y dar lo mejor de uno mismo, eso es lo que te llevará a lograr tus metas. Además, no siempre el que sale primero es el mejor.

¡No te compara, tú aprende, muévete, crece y sé tú mejor aliada!

De esta manera definirás tu estilo de vida y poco a poco te convertirás sin duda en la mejor versión de ti misma.

Jamás pienses que has perdido el tiempo, de todo se aprende.

NUEVA ESTACIÓN, NUEVOS COMIENZOS

El otoño es una época de renovación en la naturaleza como muestra la caída de las hojas de los árboles, pero, en la vida, es la estación de los nuevos comienzos. Muchas actividades tienen su inicio en el mes de octubre.

En Coaching Pro, tu espacio de bienestar, me gustaría compartir diez consejos útiles de desarrollo personal desarrollado por M.Nicuesa Guelbenzu en un artículo publicado recientemente para alimentar tu potencial cuando empiece este trimestre, los cuales comparto totalmente:

1. Valora las sensaciones de calma y tranquilidad del paisaje otoñal que muestra colores más apagados que durante el verano. La renovación natural es una metáfora de tu propio estado de ánimo. Deja que caigan los miedos y deja fluir nuevos cambios.

2. Emprende nuevas actividades, por ejemplo, apúntate a nadar, a pintar. Inicia nuevos objetivos, por ejemplo, realiza una escapada cada viernes con tus amigos. Enfócate en tus sueños y ocupa tu tiempo con metas cotidianas.

3. Libérate del exceso de expectativas para conectar con la sencillez del instante. ¿Si hoy fue el último día de tu vida, qué harías?

4. Puede que estés tan desbordada / o por el estrés del trabajo que ya no sabes cuánto tiempo hace que no observas el cielo con detenimiento como el mejor espectáculo artístico. Al observar el firmamento, tomas conciencia de la magnitud del universo y de tu propia grandeza personal.

5. Intenta poner mayor atención a la comunicación interpersonal. Esta es una buena asignatura en la vida. Expresa tus sentimientos, hazlo de forma asertiva y amable. Comienza a practicar esta actitud contigo misma.

6. ¿Te gusta tu trabajo? Entonces, sigue formándote. Y si no te gusta, continúa estudiando, pero, además, busca otro empleo. No dejes que el entorno de crisis te robe los sueños de realización profesional.

7. Elabora una lista de placeres sencillos que aportan una gran felicidad. Y coloca esta lista en un lugar visible de la casa.

8. ¿Te encanta el cine o el teatro? Echa un vistazo a la cartelera y elige una buena historia. Además, este mes de octubre llega con la sorpresa de la nueva Fiesta del Cine. Y también, haz una selección de esos grandes clásicos que quieres revivir.

Pocos planes hay tan apetecibles durante el otoño como ver una peli en televisión mientras disfrutas de la comodidad de tu sofá al abrigo de una buena manta y un chocolate calentito, aunque aún hace un poco de calor.

9. No pongas tu valor en tus éxitos. Tampoco en tus derrotas. Tu identidad es invariable siempre. Por el contrario, todo lo externo está en constante movimiento. Todo cambia y nada permanece.

10. Decora tu salón con flores y trae hasta tu cuarto de estar la sensación agradable de una eterna primavera.

Disfruta de paseos en bicicleta, busca el contacto con la naturaleza, cuídate y aliméntate bien con fruta y verdura de la temporada. El desarrollo personal también comienza en la mesa.

Espero que hayas disfrutado de estos consejos y sobre todo que los pongas en práctica.

A mí me han encantado yo ya he tomado acción. ¿Te atreves?

EMPRENDER ES UNA AVENTURA AGRADABLE

Emprender para mí es una aventura, pero... ¿Y qué pasa con el miedo a emprender esta aventura?

Para mí ahora es un asunto clave, porque si no soy capaz de gestionarlo, no importa la información de la que dispongo ni lo bien que me oriente.

Este es uno de los problemas a la hora de afrontar una decisión de este tipo.

El miedo nos lleva a querer Seguridad, a través de un trabajo estable unos ingresos recurrentes y una vida tranquila, confortable y... "segura" ... pero ¿hoy en día que hay estable o seguro?

Desde pequeña me han dicho que tenía que estudiar mucho, sacar una carrera, conseguir un empleo fijo en una gran empresa o, mejor aún, trabajar para el gobierno.

Parte de esto ya lo he conseguido y esto a muchos les ha funcionado durante muchos años, pero las cosas han cambiado., ya no hay nada ni nadie seguro, estable o fijo... las empresas cierran, las personas cambian.

En el contexto actual la Seguridad es más sensación que realidad.

Y a pesar de que hay gente que tiene empleos "indefinidos" el problema para ellos está en que a muchos no les gusta su trabajo, se aburren y están desmotivados, les gustaría hacer algo que aportara valor a la sociedad, ser útiles y tener más control sobre su forma de ganarse la vida

En parte yo, aunque estoy muy contenta con mi trabajo actual, mi forma de ser me empuja a conseguir nuevos retos para alcanzar mi sueño.

Auto emplearme y ser la dueña de mi negocio, dar trabajo a gente y aportar grandes valores a mis clientes.

Mi "seguridad" es un pequeño obstáculo para vivir mi vida plenamente porque me ata a algo estable impidiéndome dar el salto y probar... pero ¿porque no dar pequeños saltitos?, nadie me lo impide.

Es por eso que la mejor forma de superar la barrera del miedo es actuando, no es necesario montar un multinacional ni un mercado global on line y facturar 1000 millones de Euros.

Se trata de empezar una actividad en mi tiempo libre, un proyecto personal. Ahí es dónde comienza mi aventura y tal vez la tuya.

PARA ELLO elaboro mi propio plan Personal, empiezo a preguntarme, a conocerme a auto descubrirme y no lo confundas con un plan de negocio, que es muy diferente.

¿Te atreves a seguirme y MODELARME en esta Aventura?

Hacer lo que te gusta, buscar formas de ganarte la vida con lo que te apasiona, dejar tu empleo, quién sabe algún día y "tirarte a la piscina" ... entre otras cosas.

Puedes vender tu casa, invertir el dinero en tu negocio y tener fe... es muy bonito y valiente, como argumento para una película no está mal, pero no es la mejor forma de actuar para gestionar el miedo.

Existe otro plan, el que yo voy a realizar y no es tan drástico como el anterior, pero esa es su mejor virtud y yo arriesgo pero con cabeza.

Una "Aventura controlada".

Continúas trabajando. Buscas algo que te apasione. Trabajas en ello, en tu tiempo libre.

Esto lo vemos en los bebes cuando comienzan a caminar y aún no andan muy bien pero dominan la técnica de agarrarse a una silla con una mano, mientras con la otra se centra en coger la de su mama o papa antes de soltar la primera.

Cada vez estira más el intervalo de tiempo en el que está sin agarrarse a ningún punto, su confianza aumenta cada día al mismo tiempo que los metros que es capaz de andar sola.

Lo que te propongo es eso, no soltar tu empleo hasta que tengas donde agarrarte. Para eso es necesario compatibilizar las dos actividades, eso requiere tomar decisiones el día a día está lleno de decisiones

Dispones de las mismas 24h al día que Bill Gates, solo tienes que ver donde lo inviertes, analizar lo que no te aporta y quitarle tiempo a eso.

Yo sigo alguna serie de televisión, pero para escribir este post he decidido dejar de ver un capítulo ¡hay que sacrificar!

Si tienes que llegar a casa a las 7 de la tarde, estar un poco con tu familia y ponerte a la noche con lo tuyo ¡hazlo! (como jefe no tengo precio…)

Estarás más feliz haciendo algo que te apasione, aunque tengas que esforzarte un poco.

La idea es sacar 5 horas a la semana para "tu otro yo" y si yo puedo con familia numerosa, tú también puedes. ¿A que sí?

Espero que tras leerte esto, te pares un momento, y decidas empezar a pensar en ideas y alternativas para hacer en tu tiempo libre.

Te doy alguna pista:

1. Algo que te guste, que te apasione hacer.

2. Algo en lo que seas bueno, aunque tendrás que aprender.

3. Algo que aporte a los demás, que sea útil.

Una vez que lo tengas más o menos claro, enfócalo y visualízalo como si fuera tu negocio, el negocio de tu vida, en el que das un 100% de tu entusiasmo y la gente eso lo percibe y eso vende.

Pon un Coach en tu vida que te acompañe a lograr tu sueño, ya sea a cambiar de empleo, mejorar tu empleo actual o cambiarlo por una nueva aventura usando tu cabeza y conseguir dar forma a tu hobby, el cual te puede ayudar a conseguir y hacer realidad tu sueño y vivir de él.

"No es sobre las ideas. Sino hacer que éstas se vuelvan realidad"-

Scott Belsky, cofundador de Behance

EMPRENDER, QUIEN DIJO QUE NO HAY TRABAJO

I Parte: ¿Sabes lidiar?

Emprender, es una decisión, valiente.

Y como todo en esta vida requiere de disciplina, constancia y sobre todo actitud.

Nadie dijo que fue fácil buscar y encontrar trabajo, pero más difícil es que te encuentren a ti.

Te puedes encontrar muchos obstáculos por el camino, pero las personas exitosas aplican la inteligencia emocional - una gestión eficaz de las emociones- para avanzar más fácilmente, sin miedos, sin saboteos y así alcanzar su meta.

Estamos acostumbrados, a lo fácil y cómodo. Y está demostrado que solo las personas que saben lo que quieren, y se apasionan con lo que hacen disfrutando consiguen llegar lejos y más si encima son personas, es cuando interviene el atributo de la abundancia que muchas personas confunden.

Llegar lejos no implica llegar y ya se acabó, ni mucho menos, lejos significa, no parar, evolucionar constantemente y crecer todo lo que se pueda.

Y porque digo esto, pues sencillamente porque no hay nada seguro en esta vida y todo cambia y evoluciona rápidamente, ya lo sabes, de forma que a veces como no vayas al mismo ritmo te quedas muy atrás… pero no hay que obsesionarse, simplemente disfrutar aprendiendo y ayudando a los que están a tu alrededor.

El significado de emprender va más allá de una definición.

Todo llega y cuando una puerta se cierra, se abren otras, ahora toca experimentar nuevas sensaciones, conocer nuevas personas, crecer y crecer.

Como ya he dicho y muchos sabemos, hoy en día no hay nada seguro y como no te muevas avanzando hacia delante (dar vueltas es erróneo) te quedas en el agujero de los indecisos.

¿Qué es emprender? Emprender es ser valiente, tener miedos, dudar, defender una idea, superar barreras, ser inconformista, estar abierto a las oportunidades, afrontar el fracaso, creer en el talento, tener voluntad, ser constante.

Emprender es todo eso y más.

Para mi emprender es mucho más que abrir un negocio o lanzar un proyecto. Por eso, tengo que lidiar todos los días con:

Idea - El origen de todo

Valentía - El valor de intentarlo

Miedo - El miedo a lo desconocido

Fracaso - El temor a fracasar

Talento - La apuesta por el talento propio y ajeno

Oportunidad - La mente abierta para aprovechar las ocasiones

Inconformismo - El derecho a marcar la diferencia

Voluntad - La determinación por hacer que las cosas sucedan

Duda - La certidumbre de no tener todas las respuestas

Constancia - La perseverancia de seguir adelante pese a las dificultades

Negación- A lo que no me aporta nada. Muy importante saber decir no.

Todo esto me hace sentir viva, creativa, ingenua, activa, diferente.

Y tú ¿cómo lo ves?

Y para ti, ¿qué es emprender?

"Lo que aprendemos en la primaria, la secundaria y la universidad va en contra o no tiene nada que ver con el emprendimiento"

Y cuantos, han perdido o han visto como pierden sus padres el empleo por la crisis.

Nos falta tolerancia al riesgo, resiliencia, proactividad, adaptabilidad, liderazgo, comunicación, inteligencia emocional, negociación, creatividad, resolución de conflictos, fijación de objetivos, toma de decisiones... muchas más cosas.

El fracaso no es fracaso, es un continuo aprendizaje.

¿Te gustaría conocer cómo puedes aprender fácilmente? Sigue leyendo y tal vez tu mente empiece a creer y a crear.

Recuerda Menos es Más.

Emprender es ser valiente, tener miedos, dudar, defender una idea, superar barreras, ser inconformista, estar abierto a las oportunidades, afrontar el fracaso, creer en el talento, tener voluntad, ser constante.

8 PASOS CLAVES PARA EMPRENDER TU NEGOCIO FÁCILMENTE

II Parte Post Emprendimiento:

Seguimos con el emprendimiento, con la motivación con las ganas de marcar diferencia.

Hay que ser fuertes y no auto sabotearnos, pues comenzar un negocio no es para los débiles de corazón. Es muy estresante y prácticamente demanda todo tu tiempo y atención.

Por el otro lado, también puede ser una gran experiencia en lo personal y profesional.

No solo basta tener ilusión y motivación por emprender hay que validar la idea a tiempo.

1. Saber qué necesidad de mercado vas a cubrir

La importancia de hacer una buena validación es entender si existe un mercado potencial para un producto o servicio. ¿De qué sirve crear una solución que nadie va a comprar? Hay que aplicar el concepto del mínimo producto viable:

1. Es necesario recibir el feedback de los clientes para hacer una buena validación.

2. Haz pruebas piloto y aprende a no cometer los mismos errores de otros que hicieron algo parecido Es más, esto es una gran oportunidad para ti porque así puedes aprender de los errores y experiencias de estas personas que ya te abrieron camino.

3. Indaga sobre todo lo que pueda salir mal y construye nuevas alternativas

4. Mantén siempre una actitud constructiva

En otros países se aprende y se tiene asumido que a la primera nadie triunfa, según Ana María Romero (vicedecana de Gestión Económica y Relaciones Institucionales de la facultad de Comercio y Turismo de la Universidad Complutense de Madrid).

Que un negocio no vaya a buen puerto no es un fracaso, forma parte del proceso de aprendizaje para que el siguiente negocio salga mejor, asegura, pero aquí en España, si la primera vez te sale mal, quedas endeudado de por vida, es un horror y un drama familiar, según Ana María.

Queremos ser tan perfectos y hacerlo tan bien que pasa el tiempo y al final ni lo lanzamos, y así jamás sabremos qué cosas corregir y cuales mantener, explica. Es clave, agrega, saber que el producto o servicio que se está desarrollando es una solución a un problema real.

Por ello es muy importante validar, no obstante hay que tener expectativas y muy claro lo que realmente se quiere y trabajar duro por ello, sembrar y sembrar y así recoger.

Emprender un negocio no es una tarea fácil: requiere tiempo, esfuerzo, inversión e inteligencia, así como saber llevar a cabo una buena estrategia de marketing para tener éxito.

A continuación, te presento los 8 pasos claves que me parecen más interesantes después de investigar en diversos artículos, para poder emprender un negocio propio mucho más fácilmente.

Lo primero es saber que lo que ofrece cubre una necesidad de mercado, es decir, que existe gente a la que le interesa lo que vendes. Tu es ver quiénes son esos posibles compradores.

Una vez que lo tienes definido, piensa de qué forma lo vas a ofrecer, principalmente si es algo que ya existe en el mercado.

Para ello debes responder a ti mismo / a qué valor agregado ofrecerás a tus clientes, qué te diferencia de la competencia o te hace especial.

Se trata de convencerte a ti mismo para convencer a los demás de por qué deben comprarte a ti.

Debes justificar tu calidad:

No son válidas respuestas vagas como "porque yo soy la / el mejor". Debes justificar la calidad o buscar ese aspecto diferenciador que vas a ofrecer y que te hace mejor que los demás.

Por ejemplo: si tu producto es ecológico, económico, si es un diseño único, si se realiza con un mejor proceso de producción, si ayuda a una causa.

Aquí tienes algunos ejemplos.

Este tipo de mensajes son como una promesa para el cliente o destacan una característica especial del producto. Piensa en ello para saber cuál es tu elemento diferenciador.

Mi elemento diferenciador es "Tiempo y Vida": *Aprende a Crear Armonía y Bienestar Poniendo Orden En Tus Áreas de Vida De Forma Productiva apartando todas las barreras que te lo impiden para siempre.*

2. Socios que compartan tu visión

Si quieres aliarte, busca un socio que comparta tu visión, objetivos y que te complemente de forma estratégica, para que las fortalezas de ambos se aprovechen en beneficio de la empresa y puedan hacerla crecer y no te acarree problemas de futuro.

3. Haz tus números

Antes de iniciar tu emprendimiento, debes elaborar un plan de negocios rápido, tomando en cuenta los siguientes aspectos.

• Conoce tu punto de equilibrio , ingresos se igualan a gastos.

• Crea una estrategia de precios conoce tus costes y genera un margen de ganancia que siempre te beneficie según el tipo de productos o periodos de su ciclo de vida.

• Calcula el costo de adquisición de cliente: inversión total dividida entre el número de clientes en un periodo de tiempo

• Estimación de la compra promedio por cliente: ventas totales entre el número de clientes de ese período

Una buena forma de elaborar tu plan de negocios, teniendo claro todo el panorama (como clientes, recursos, canales de distribución, etc.) es utilizar el modelo de lienzo. Puedes ver el modelo canvas paso a paso en este post de Innokabi.

4. Organizarse, distribuir tareas y funciones

Uno de los aspectos más delicados es saber cómo organizar el trabajo para que todo funcione de manera óptima.

Para ello, es importante determinar la distribución del tiempo, de las funciones así como un método o sistema de trabajo. También debes pensar cómo se resolverán las dificultades en caso de presentarse y buscar alternativas.

Una forma de hacerlo es elaborar un esquema del proceso de venta, yo uso mucho los mapas mentales , para organizarme.

De este modo, todos dentro de la organización del negocio sabrán de qué áreas son responsables y se encargarán de que en ellas todo funcione correctamente.

Yo tengo mi propia escuela on line, dónde vendo mis productos.

5. Tener claro el objetivo del negocio

El objetivo principal de todo negocio es generar ventas y ser rentable. Para ello, tu esfuerzo debe estar enfocado en las 4 etapas claves del marketing moderno.

Por lo tanto, debes mantenerte enfocada en ello y no distraerte con actividades que aunque puedan parecerte entretenidas, no son nada productivas.

¿Cómo qué? Como micro gestionar el proceso de diseño de tu publicidad, contestar comentarios en redes sociales, decorar la oficina, etc. Son tareas que puedes delegar más adelante para enfocar tu esfuerzo en algo más rentable.

Así es, tu trabajo es vender...

6. Asesoría profesional en temas que desconozcas

A lo mejor tienes definido cuál será tu giro o actividad, cuentas con un aliado y puede que ya tengas una idea de cómo funcionará el proceso de trabajo, pero también es importante que te asesores en otros aspectos al emprender un negocio.

Por ejemplo, si necesita ayuda con temas de inscripción legal u otros permisos , facturación e impuestos , estudios de mercado, implementación de software para optimizar el trabajo, etc.

En todos estos casos puedes contratar un consultor experto en el área que necesites, de modo que te brinde orientación o te elabore un plan para seguir paso a paso.

7. Siembra y consigue clientes por internet

Ninguna estrategia de negocios estaría completa sin que te promueva en el medio más grande de comunicación: internet, el cual te ofrece una gran oportunidad para darte a conocer.

Para comenzar, crear y optimizar tu sitio web con la ayuda de un profesional: Contrata un mentor o bien un programador que ponga tu sitio online y luego busca un experto en SEO (Search Engine Optimización) para que te ayude a que aparezcas en las primeras páginas de los buscadores.

Agrega un blog donde dar a conocer noticias relevantes sobre tu empresa. Publica temas relacionados con tu negocio, aportando datos curiosos, noticias y consejos.

Así, solventas problemas concretos a personas que buscan lo que tú ofreces y captar posibles compradores. A esto se le llama marketing de contenido.

Esto te servirá de mucho:

- Una vez que tengas tu blog, promueve tu sitio con campañas de publicidad en buscadores como Google, Bing o Yahoo!

- Luego contacta con influenciadores, profesionales reconocidos en tu área y que cuenten con buena credibilidad y seguidores. Invítalos a conocer tu marca o tus servicios, obtén entrevistas o realiza videoconferencias que luego agregues a tu canal de YouTube (crear un tu propio canal de YouTube es importante también).

- También funciona muy bien hablar de tus servicios ofreciendo hacer publicación de invitados dentro de sitios en tu área y que sean visitados por usuarios que se ajusten al perfil de tu comprador .

Yo estoy aprendiendo, y de momento me queda mucho por hacer, pero hay infinidad de caminos, en los que puedes darte a conocer.

¿De qué se trata el guest post? Sencillo:

Se trata de publicar dentro de dichos sitios un tema que sea de valor para los mismos, pero a la vez, que sean beneficiosos para ti.

De este modo, generas credibilidad, ofreces valor y creas un interés en tu producto o servicio sin necesidad de hacer solo publicidad.

Recuerda que la gente prefiere comprar, y no que le vendan.

Siguiendo con el ejemplo de una tienda de impresión digital, podrías hacer una publicación invitada en un blog sobre coaching con temas de autoestima, motivación, desarrollo personal, inteligencia personal... emprendimiento.

Yo pertenezco a Womenalia y ya me conoce mucha gente, incluso de ahí me surgen clientas para mi escuela online.

No olvides las redes y el email marketing:

Una buena estrategia de marketing digital incluye las redes sociales.

La creación de tu fanpage en Facebook y otras cuentas en las principales redes sociales (Instagram, Twitter, + Google, LinkedIn In y YouTube), te permite captar seguidores que se conviertan en prospectos, clientes o embajadores de tu marca.

Puedes incluir otras redes, como Pinterest, Soundcloud, YouTube, etc. Todo según tu giro de negocios y la necesidad de comunicación que tengas.

Envía a tus clientes boletines con temas relevantes que hayas publicado en tu blog, así como con noticias importantes y ofertas.

Selecciona los distintos tipos de público o de clientes que tengas. Ofrece un segmento de contenido más personalizado y de interés para quien lo recibe.

8. Atención a los clientes

Al emprender un negocio, todo el esfuerzo de asesorarte, implementar tu estrategia de marketing y darte a conocer, debe ir complementado con un buen servicio al cliente.

Esto es lo más importante, empatizar, dar valor.

Procura siempre dar un trato profesional a tus clientes, tanto cuando te contactan para hacer preguntas como cuando realizas el proceso de compra de tus productos y servicios.

No olvides solicitar datos de contacto quienes muestren interés en lo que ofreces. No importa si no te compraron en el momento. Puedes ofrecerles promociones o productos más especializados, a fin de cerrar nuevas ventas.

Tú puedes emprender un negocio aun teniendo trabajo fijo

Yo empecé así desde el 2013, en mis ratos libres, comencé con un blog, luego hice cursos para certificarme como coach, nunca deje de escribir, luego talleres presenciales, colaboraciones con la radio de mi localidad, emails masivos a mis suscriptores, creación de mi escuela online.

Como puedes ver, emprender un negocio propio conlleva trabajo, coordinación y tiempo.

En la III parte te hablare de mi historia, y como voy evolucionando... te mostrare nuevos recursos ¿quieres saber de qué hablo?

El fracaso no es fracaso, es un continuo aprendizaje...

COMO LO ESTOY HACIENDO. MI HISTORIA EN EL EMPRENDIMIENTO

III Parte de este Post:

Seguimos con el emprendimiento, con la motivación con las ganas de marcar diferencia.

En Enero del 2019 por circunstancias ajenas a mí me comunicaron vía buro fax, que mi contrato por cuenta ajena como Educadora Social, era rescindido por motivos económicos (falta de presupuesto).

Después de casi 9 años trabajando para una ONG en la que hace 12 años me hice voluntaria... me cerraron la puerta y me empujaron a salir de mi zona de confort.

Me sentía cómoda haciendo algo que me gustaba, me sentía útil pero realmente luego agradecí este empujón, pues a pesar de él no me vi desamparada, al contrario me sentía fuerte y motivada para dedicarme al 100% a mi pasión, el Coaching. Tarde o temprano lo iba a hacer yo.

Ahora tocaba crear nuevos retos, avanzar y seguir creciendo... ya llevaba tiempo trabajando como Freelance, realizando pequeños trabajos esporádicos y creciendo como Coach Transformacional de vida que me ha permitido ejercer lo que realmente me apasiona. Seguir ayudando a las personas, pero desde su yo más interno.

Comenzó una nueva etapa de mi vida.

Jamás pensé que hubiera tantas buenas ideas de emprendimiento, lo cual me ilusiono, pero también es importante enfocarse en una, aunque yo al principio quise probar un poco de todas.

Unas por curiosidad, por ver si valía, por si...y otras porque me ilusionaba y me sorprendía como la gente llegaba rápido a altos puestos.

Pero el tiempo me dio la razón hay que enfocarse en una o a lo sumo dos actividades, es lo mejor.

A pesar de que hay que esforzarse mucho la recompensa merece la pena. La comodidad quedo relegada.

Y ahora estoy refinando este libro y dándole los últimos retoques, para que cuando me estés leyendo, te sientas tan empoderada como yo.

Hay personas que ponen muchas excusas para salir de su zona de confort pues simplemente se conforman con lo que tienen y no se atreven a perseguir sus sueños, por miedo, por comodidad, seguridad y en esta vida no hay nada seguro.

Solo una cosa que tú y yo sabemos.

Es bueno ser precavido en todo y aún, es mejor disfrutar del momento presente pero siempre, con miras a construir un futuro mejor.

Es decir, a pesar de mis estudios y experiencia, siempre he ido creciendo, me recicle hace más de 20 años, para poder adaptarme a mis nuevas circunstancias (cambio de localidad, hijos) y ahora con mis nuevas circunstancias (edad-desempleo) vuelvo a reciclarme.

Me siento más fuerte, segura, decidida y joven de espíritu y mente que nunca. Con ganas de emplear mi tiempo en cosas más productivas, más enriquecedoras a nivel personal.

Mi experiencia y todo lo que aprendí a lo largo de estos años me ha nutrido y ahora me toca aportar mi saber, mi conocimiento y mi talento para ayudar a otras personas, que es lo que realmente me satisface y me hace sentir plena.

En tres meses he descubierto nuevas formas de emprender sin apenas tener que invertir nada, de aprender y rectificar sin tener que empezar de cero pues aprovecho todo lo que sé para marcar diferencia.

Es cierto, que tengo días flojos, nervios y un poco de estrés, pues lo nuevo a veces impone y nadie dijo que fuese fácil... pero cuando ves a otras personas a las que les ha cambiado la vida y que tu estas tan cerca... la motivación te guía.

Mi historia:

1. Veinticinco Años Cotizando por cuenta Ajena tanto en trabajos que tenía que ver con mis estudios de Economía (Administración-auditoria-controller), como de Formadora (Formador de Formadores - Educadora Social). Muy satisfecha con todo lo aprendido.

2. Seis años Trabajando (al mismo tiempo) como Freelance, haciendo talleres presenciales y dando forma a mi proyecto: mi escuela ON line "Tiempo y Vida" dónde comparto mi pasión para ayudar y dar a conocer las ventajas de una buena planificación del tiempo y como conseguir el bienestar-armonía al aplicar un orden metódico y adaptado al día a día en las distintas áreas de la vida.

3. Las redes de Mercadeo: El marketing multinivel, es un modelo de negocio que me ha permitido conocer otra forma de trabajar emprendiendo, dónde no estoy sola pero puedo hacerlo a mi ritmo, sin presiones. Donde puedo llegar tan alto como yo quiera.

Ser Networker supone entrar en un mundo nuevo para mí. Supone marcar una gran diferencia y trabajar la excelencia.

Dentro de las razones por las cuales decidí entrar un tiempo como consultora económica y Networker están: alcanzar libertad financiera, ser dueña de mí tiempo, ser mi propia jefa y sentir independencia.

Razones muy poderosas para seguir en el mercado laboral creando valor y riqueza.

No obstante, no salen siempre las cosas como uno quiere y a veces las circunstancias externas te paralizan como ha sido el covid.19.

Una situación que nos ha pillado a todas prácticamente en bragas y hemos visto como nuestros sueños y los sueños de personas cercanas a nosotros se han roto.

Hay que seguir...seguir viviendo y aprendiendo de todo lo acontecido. Aprovechar las oportunidades a pesar de todo.

Hay muchas personas que prefieren seguir dependiendo, y trabajando por los sueños de otros o ser funcionarios (otras motivaciones), todo es respetable y más cuando toda la vida ha sido así.

El tener unos ingresos fijos, más o menos, te da un cierto nivel de seguridad, poca, pero la da.

Y si se puede tener ambas actividades y combinarlas de forma equilibrada con el resto de áreas de vida, es otra opción.

Yo quiero crear mi reto, un nuevo reto personal y espero conseguirlo, siempre se puede rectificar, aunque mientras me gusta compartir ambas actividades.

Y ¿cómo? Pues se puede empezar desde casa, con nuestra familia. Desarrollarlo sin necesidad de experiencia y con pocos gastos de operación.

Además otras de las razones por la cual me gusta emprender un negocio, es porque me apasiona crear algo que sea útil para alguien y si encima me aporta un beneficio económico y tener nuevas alternativas para generar ingresos, mejor que mejor. (Tres patas para mi Taburete). Lo explico en Mi taller "TyV"

Las 6 Ventajas de elegir una red de mercadeo para iniciar un negocio propio y que a mí me han cautivado:

1. En primer lugar, se requiere una baja inversión. La inversión inicial para ingresar a una red de mercadeo es casi siempre mínima incluso nula.

2. No tiene costos operativos. En un negocio de Network Marketing no tienes empleados, planillas, no tienes que pagar servicios.

3. En una Red de Mercadeo por lo general tienes un equipo de trabajo desde el primer día que decides ingresar.

4. Tú puedes hacer este negocio en paralelo a tu empleo
5. No se requiere de un estudio especializado para ingresar al negocio
6. El tiempo que tú decidas disponer para el negocio está bajo tu consideración.

Durante un tiempo se me han abierto muchas puertas, sin descanso para valorar, probar y evaluar con que me quedaba y hasta dónde podía llegar.

En un principio decidí tener tres líneas de acción y mi constancia para trabajarlas, día a día pero luego me decante por dos.

Todo unido al sentimiento de superación diaria, mis inquietudes y mis nervios para creer y generar mayor confianza en mí y así emprender una nueva etapa con serenidad y mucha fe.

Sé a ciencia cierta que todo lo que hasta ese momento estaba haciendo era bueno a parte de enriquecedor en todos los sentidos.

Pero también es duro, porque no todo el mundo (incluidos amigos y familiares) entienden o ven lo mismo que tú.

Pero eso no te debe influir. Tu sueño lo creas y diriges tú, le das forma y realidad en cuanto lo trabajes.

Hay mucho que hacer. A mí sobre todo me entusiasmaron como te dije anteriormente, tres proyectos que tenían que ver con ayudar a la gente a ahorrar sobre todo, algo sumamente necesario para salir adelante en tiempos de crisis.

Estos tres proyectos supusieron un reto y un enriquecimiento en mi vida y en mi trabajo, pues en ese momento se encontraban en coherencia con lo que yo estudie en mis inicios y me identificaba totalmente.

Para mi hubo un momento en que supusieron una gran experiencia en lo personal y profesional.

No obstante no es todo tan bonito como parece, como he dicho antes todo requiere un esfuerzo o sacrificio y ocurrieron unos acontecimientos en que sentía que tenía que sacrificar gran parte de mi tiempo y no sólo eso; tuve un problema familiar que me ha dejado bastante marcada y dolida que hizo que mi escala de valores se tambaleará y aunque no debemos dejarnos influir, todo resurgió desde los más profundo y me replanteé de nuevo mi vida e incluso una nueva escala de valores.

Me tome un descanso, reflexiones y cambié mi rumbo.

Hay veces que los sacrificios no son solo materiales...

Emprender un negocio no es una tarea fácil: requiere tiempo, esfuerzo, inversión e inteligencia, así como saber llevar a cabo una buena estrategia de marketing para tener éxito.

Con todo esto voy a:

1. Cubrir necesidades
2. Relacionarme con gente que comparte mi visión
3. Me permite obtener ingresos residuales
4. Organizarme, distribuir tareas y funciones
5. Tener claridad en mis metas.
6. Aprendizaje y asesoramiento en temas que desconocía.
7. Sembrar y recoger.
8. Servicio y seguimiento e incluso Amistad.

Tú puedes emprender un negocio aun teniendo trabajo fijo

Como puedes ver, emprender un negocio propio conlleva trabajo, coordinación y tiempo.

Y si algún día asoma el fracaso lo transformare en aprendizaje... ¿y tú?

¡Espero haberte ayudado!

Emprender un negocio no es una tarea fácil: requiere tiempo, esfuerzo, inversión e inteligencia, así como saber llevar a cabo una buena estrategia de marketing para tener éxito.

DATE UN RESPIRO TECNOLÓGICO

Nos dejamos influir mucho por el exterior, vivimos hiperconectados y excesivamente pendientes de lo que sucede a nuestro alrededor, sobre todo a través del móvil.

Estamos tan apegados a él, que incluso si tuviéramos que elegir entre la cartera o el móvil, preferimos perder la cartera antes que el móvil.

Frena y se más consciente de tu presente, vive el presente y no vivas la cultura de la inmediatez.

Tenemos que saborear la vida, escuchando la, sintiéndola, oliéndola, probándola y sobre todo viéndola a través de nuestros ojos a cámara lenta.

Tal vez se acaben las enfermedades pero moriremos corriendo, no hay que perder el tiempo pero tampoco hay que vivir acelerados.

¿Cómo sabes si depende o no de la necesidad de estímulos externos?

Muy fácil, imagínate que te dejas el móvil en casa, ¿Qué ocurre entonces? lo siguiente es un ataque de pánico, y te sientes vacía y por lo visto preocupadísima por si te llaman y no te encuentran, es como si casi hubieses dejado de existir por culpa de tu olvido, ya no estás unida ni conectada a ese mundo del WhatsApp...

Fecha un respiro tecnológico

Parece que estamos y vivimos en una sociedad saturada e hiperestimulada en búsqueda continua del bienestar.

Todo el mundo quiere estar bien a costa de muchas cosas. La paciencia, disminuye y desaparece cuando nos sentimos amenazados ante una alarma como el ejemplo anterior:

¡Oh Dios mío, El móvil se ha quedado en casa!

¿Y ahora qué hago? Nos sentimos inútiles y vacías.

Pues aquí te traigo unas pautas para empezar a mentalizarte de que así no puedes seguir, ni tampoco es buena esta obsesión.

1.- Práctica el no estoy disponible: Estar conectado no es una obligación. Aunque las redes no descansen, nosotros no tenemos por qué estar siempre disponibles. Trabaja paso a paso, siendo selectiva evitando la multitarea, que te dispersa.

2.- Cultiva la Paciencia: Pon el móvil en modo silencio o boca abajo para no ver las alertas de la pantalla.

Una simple interrupción de tres segundos provoca un desdoblamiento del número de errores en una tarea.

3.-Saborea tus momentos: Cada vez que te sientas ansiosa por compartir algo en las redes o comprobar su resonancia, valora:

¿Vale más hacer la foto o vivir esa experiencia?

¿Qué es más importante jugar con mi hijo o comentar la foto de un amigo?

Así que pon atención en lo que realmente tiene valor para ti.

4.-Baja el ritmo: escucha el dialogo de la persona virtual a la que le gusta estar atractiva, original, atrevida, graciosa y date cuenta que eso no eres tú, es tu apariencia de cara a los demás y así tu personaje de carne y hueso podrá darse un respiro y recuperar su protagonismo de forma sana y saludable.

Tus 24 horas pueden dar mucho de sí, si sabes sacarle provecho y te sientes satisfecha o, por poco que hagas siempre avanzarás sin rendirte y las energías no se agotarán y podrás obtener abundancia extra con amor y aceptación.

Una simple interrupción de tres segundos provoca un desdoblamiento del número de errores en una tarea.

MEJORA TUS RELACIONES EN EL TRABAJO

Aprende a ser más tolerante

No te ha pasado que en algún momento de tu vida, ante una situación prejuiciosa, te has dicho ¿Pero si yo soy tolerante, porque me trata así?

¿Qué significa para ti ser tolerante?

Para mí, siempre ha sido intentar, respetar la opinión de los demás, a pesar de que piensen diferente a mí, y no convencerles de lo contrario, pero una cosa es decirlo y otra es hacerlo ¿verdad?

Según la Wikipedia

La tolerancia se basa en el respeto hacia la otra persona que es diferente de lo propio. La palabra proviene del latín tolerancia, que significa 'cualidad de quien puede aceptar'.

La tolerancia es un valor moral que se practica con respecto a un otro; hacia sus ideas, prácticas o creencias, independientemente de que contradigan o sean diferentes de las nuestras. En este sentido, la tolerancia es también el reconocimiento de las diferencias inherentes a la naturaleza humana, a la diversidad de

las culturas, las religiones o las maneras de ser o de actuar.

Por ello, la tolerancia es una actitud fundamental para la vida en sociedad. Una persona tolerante puede aceptar opiniones o comportamientos diferentes a los establecidos por su entorno social o por sus principios morales. Este tipo de tolerancia se llama tolerancia social en las personas.

Por su parte, la tolerancia hacia quienes profesan de manera pública creencias o religiones distintas a la nuestra. Es un concepto relacionado con el respeto y la consideración ante las opiniones de otras personas cuando diferentes acciones de las propias o se contraponen al marco personal de <u>creencias</u>. La tolerancia se erige como un valor básico para convivir armónica y pacíficamente. No sólo se trata de respetar lo que los demás digan o hagan, sino de reconocer y aceptar la individualidad y las diferencias de cada ser humano. Se considera que la tolerancia constituye la base de la buena convivencia entre personas de diferentes culturas, credos, razas, y modos de vida.

La tolerancia también implica saber escuchar y aceptar a los demás, valorando las distintas formas de entender y posicionarse en la vida, siempre que no atenten contra los derechos fundamentales de la persona.

Entendida como la aceptación de la diversidad de opinión, social, étnica, cultural y religiosa, es una virtud de enorme importancia.

Una forma de saber si eres una persona muy tolerante, (fundamental en el trabajo) es preguntarte si eres capaz de valorar a las personas que son muy diferentes a ti. ¿Tiendes a rechazar o mostrarte receloso/a ante otras formas de actuar? ¿Descalificas a los que no piensan como tú? ¿Los consideras personas equivocadas, al no pensar como tú?

Cultivar puede aumentarla flexibilidad y exigirte menos, lo cual te ayudaría mucho.

Por lo pronto empieza:

1. Fragmentando tus paradigmas:

Evita los prejuicios, no juzgues a la primera de cambio e intenta que tus amistades o tus relaciones sean más variopintas, de diferentes: edades, ciudades, religiones, ideas políticas, profesiones diversas, poder adquisitivo. De esa manera tus relaciones serán más creativas y tu esquema mental crecerá.

2. Una buena retirada a tiempo: El problema no es ni mucho menos tener las ideas claras, sino convencer al resto. Debes saber que las convicciones no son verdades absolutas sino puntos de vista y es más importante estar en paz con todos que llevar la razón.

3. Siempre es respetuoso: Tolerancia, no significa, aguantar o callarse, sino tener veneración, aprecio y reconocimiento por una persona o cosa, y al mismo tiempo enriquecerte con la opinión de los demás.

4. Esconde tu Ego. No te sientas malherida, cuando alguien opine diferente a ti, no todo el mundo opina igual que tú, Busca sólo su aceptación pero no su aprobación. Así lo llevarás mejor.

5. Huye de los extremos: Ver el mundo en blanco y negro, nos aleja de la paz interior porque la vida está compuesta de matices. (Walter Riso) Intenta ver toda la gama de grises para rectificar, matizar, ampliar o enriquecer un punto de vista.

6. Crea confianza: todo esto conlleva a unas relaciones más sinceras y abiertas, menor agresividad verbal y mayor escucha activa y empatía.

7. Siéntete libre: no hay mejor bienestar que enriquecernos continuamente y ampliar nuestras miras, rompiendo nuestros propios esquemas.

En resumen, ser tolerante es lo mismo que ser respetuoso, indulgente y considerado con los demás. Es una cualidad personal que se define como el respeto a las ideas, creencias o prácticas de los demás, aunque sean diferentes o contrarias a las nuestras.

Aceptar las diferencias te ayudará a tener una mente más abierta y a aumentar tu capacidad de adaptación

Tus 24 horas pueden dar mucho de sí, si sabes sacarle provecho y te sientes satisfecha, por poco que hagas siempre avanzarás sin rendirte y las energías no se agotarán y podrás obtener abundancia extra con amor y tolerancia.

Ver el mundo en blanco y negro, nos aleja de la paz interior porque la vida está compuesta de matices.
(Walter Riso)

MANEJA TU IRA, NO PIERDAS MÁS TIEMPO. 6 TIPS PARA RELAJARTE

Todos nos enojamos ya sea en el trabajo con nuestros compañeros o superiores, con nuestras parejas, con hijos e incluso con nosotros mismos, pero la furia fuera de control no es buena para quienes se encuentran a tu alrededor e incluso puede hacerte daño a ti y al resto.

La ira es un estado emocional que varía en intensidad, puede ser leve o intensa y está acompañada de cambios psicológicos y biológicos. Al sentir ira normalmente nuestro estado es agresivo y respondemos agresivamente cuando nos sentimos atacados.

Es bueno un leve grado de enojo para preservarnos al sentirnos agredidas, ofendidas o provocadas, pero mejor es saber cómo mantenerlo a raya para evitar el aumento de la frecuencia cardíaca y presión arterial.

Es necesario tener habilidades y herramientas que nos permitan reducir este estado de ira, es decir, ante cualquier situación que nos ofusque, usar nuestros recursos para que este estado no nos repercuta y no dejemos llevar por él.

Puedes enfadarte con una persona específica (como un compañero de trabajo o supervisor) o por algo ocurrido (tráfico lento, un vuelo cancelado), o tu enfado puede ser por estar preocupada o taciturna debido a tus problemas personales (hijos, conciliación familiar). Los recuerdos de hechos traumáticos también pueden dar sentimientos de ira.

¿Te has preguntado cuánto tiempo desperdicias por estar enfadada o enojada?

Mucho, casi todo el día e incluso semanas... ¿Qué pensarías si te dijera que en 90 segundos, podemos superar ese estado? Muchas personas piensan que eso es imposible pues su respuesta es: Si yo llevo enfadado 1 año o estoy triste desde hace meses "y yo siempre les digo lo mismo... esa emoción durará el mismo tiempo que tu decidas que dure, pero como mínimo serán 90, así que reflexiona y piensa cuanto tiempo has derrochado o has dejado que la relación empeore, sin resultado alguno.

La neurociencia nos enseña que en la parte central del cerebro, integrada dentro del sistema límbico, está situada en la amígdala cerebral, la mayor responsable de nuestras emociones.

Frente a un estímulo o situación, esa amígdala segrega una sustancia que, a su vez, estimula otros centros del sistema límbico, formando una "mezcla" responsable de cada emoción. Esta combinación entra en el torrente sanguíneo y produce los efectos físicos de la emoción: sudoración, enrojecimiento, palpitaciones, tensión muscular, risa.

Esta reacción tarda unos 90 segundos en ser reabsorbida por el cuerpo y desaparece.

¿Nunca te ha pasado que alguien o algo te asustan y tu corazón late a gran velocidad? Cuando te das cuenta que es una broma, progresivamente ese "miedo" empieza a desaparecer.

¿De qué depende que esa emoción se mantenga en el tiempo? Las emociones en sí mismas son temporales, sólo dependiente de LA IDEA ASOCIADA A ESA EMOCIÓN.

Lo mismo pasa con la ira o el enfado… Si la idea a la que la emoción está asociada se repite, no dejamos de pensar en ella— la emoción se renueva por sí misma "reiniciando" de nuevo esa mezcla de sustancias que provocan esa emoción.

Si nos enfadamos con alguien y eso provoca en nosotros una emoción de IRA, tal y como hemos comentado, ésta durará 90 segundos.

¿Entonces como puede ser que las personas estemos años sin hablarnos, manteniendo una emoción de ira y odio, debido a una discusión o situación concreta?

PORQUE ASOCIAMOS LA EMOCIÓN A ESA IDEA O SITUACIÓN CONCRETA, y al volver a pensar en ella ponemos nuestro foco de atención en ese hecho que, a su vez, hace que la amígdala vuelva a segregar la sustancia creando de nuevo la mezcla de la misma emoción que sentimos.

Es como un círculo, del cual no logramos salir, pues nuestros pensamientos asocian la emoción a esa idea o situación creada y no la liberamos.

Si nos focalizamos constantemente en algo que nos enfada, estaremos "renovando" continuamente el enfado en nosotros. De la misma manera que cuando algo nos hace mucha gracia o vivimos una situación placentera, volvemos a segregar "esa mezcla mágica" que nos vuelve a hacer que nos riamos en carcajada o que volvamos a sentir como en nuestra piel aquel momento.

En este caso si la emoción es positiva para nosotros, es genial para nuestra "salud" volver a recrear ese momento que nos hace sentir bien... pero si la idea asociada nos hace sentir tristeza, rabia, temor, fobia... por lo menos sabemos que esa emoción solo dura 1 minuto y medio, solo depende de nosotros hacerla fugaz.

MANEJO DE LA IRA

Muchas veces no es fácil desvincular y hacer que esa emoción no dure más de un minuto y medio, (pero en el trabajo no es bueno que te dure mucho y con tus hijos o pareja tampoco) por eso yo nunca aconsejo recurrir a medicación artificial ya que nosotros mismos somos capaces de usar nuestros recursos (aquí hay unos cuantos) y controlar nuestros pensamientos y nuestras acciones.

En cuanto sientas esa emoción y tu foco se disperse hacia lo negativo prueba a beber un vaso de agua saboreándola, haz una pequeña caminata si puedes, respira profundo y pausado... cualquier cosa que te sirva para relajar la mente, cambiar la composición química de la sangre y sacarte del foco de aquello que te produjo esa emoción.

Si no te sientes capaz, pide ayuda para lidiar mejor con esa emoción.

NO HAY EMOCIONES ETERNAS, SINO CREENCIAS QUE NOS HACEN "CREER Y CREAR" ESA ETERNIDAD.

Sabes que en cualquier ambiente, tanto la convivencia como el hecho de compartir proyectos con otras personas son temas difíciles y para muchos, supone un reto negociar la diferencia de opiniones, así como esquivar con éxito el manejo que cada persona hace de las emociones.

Robert Brooks y Sam Goldstein, autores del libro "El poder de la resiliencia" de Editorial Paidós, explican que la ira y la frustración nos alejan de la práctica de una comunicación efectiva, por esta razón los especialistas recomiendan guiar la comunicación en base a las siguientes preguntas:

Es Clave: Hay que ser consciente al responderlas

¿Me gustaría que me hablasen de la forma en que yo hablo a los demás? ¿Cómo me describirían las personas con las que me relaciono cuando me comunico con ellos?

¿Qué hace que sea más fácil escuchar a los demás? ¿Qué dicen o hacen los demás que provoca que me "desconecte" y no los escuche?

El objetivo de estas preguntas es tomar consciencia y reflexionar si cuando sentimos ira, inconformidad o irritación, dañamos la comunicación que entablamos con otras personas y esto nos aleja de la solución, sea la que sea, provocando que el problema crezca en vez de llegar un acuerdo o pacto fructuoso.

El análisis

Es normal que a veces surjan diferencias con las personas que no podemos evitar pero si podemos aprender a manejar aquello que sentimos, de tal forma que no atente contra nuestra estabilidad emocional, nos aleje y perjudique, así como no nos haga perder oportunidades y tiempo.

Los autores Robert Brooks y Sam Goldstein dan mucha importancia al uso de las palabras que decimos en esos momentos de alteración, para sí hablar sin ofensas o expresiones hirientes, ya que aseguran, esto impactará de manera negativa en nuestras relaciones ya sea en nuestro trabajo o con nuestros familiares y amigos.

La comunicación puede unir o separar. Por lo que sería importante y necesario descubrir la naturaleza de los conflictos, ya que si por ejemplo, el origen es la deshonestidad, la falta de confianza o abuso de poder, el problema a resolver es distinto.

Al reflexionar puedes averiguar si se trata de un asunto de comunicación en el que tienes que trabajar junto con la persona implicada para mejorarlo, o sencillamente, veis y vivís el mundo de manera diferente.

Es imposible evitar algunos bofetones de la vida, sin embargo, si nuestra capacidad de respuesta hacia los apuros aumenta y nuestra comunicación en el tratamiento de los conflictos es efectivo, lograremos que el enojo no sea un tropiezo constante en el ambiente laboral o familiar y por el contrario, las decepciones sean oportunidades para desarrollarnos como mejores personas.

"La perseverancia es el motor del éxito".

Aquí te traigo 6 tips para ayudarte en el manejo de tu ira y tranquilizarte.

1. Relajación

Simples técnicas de relajación como respirar profundamente y la meditación relajante pueden ayudar a calmar sentimientos de enojo. Si tu pareja es irascible también, sería una buena idea que ambos aprendierais estas técnicas.

2. Cambiar los pensamientos

Ahora cuando te enfades tomate unos segundos y antes de maldecir, insultar y hablar con términos muy subidos de tono procura reemplazar estos pensamientos por otros más razonables. Por ejemplo, en lugar de decir, "Ay, es horrible, es terrible, se arruinó todo," puedes decir "es frustrante y es comprensible que esté disgustada pero no es el fin del mundo y enojarme no va a solucionarlo."

Ten cuidado con las palabras "nunca" o "siempre" cuando habla sobre usted o sobre otra persona. "Esta máquina nunca funciona" o "Siempre te olvidas de las cosas" pues distancian y humillan a las personas que de otro modo podrían estar dispuestas a colaborar contigo para hallar una solución.

Hay muchas otras palabras con las que hay que hay que poner especial cuidado al usarlas.

Recuerda que enojarse no va a solucionar nada, que no te hará sentir mejor (y que, en realidad, puedes estropearlo más).

Como parte de este cambio de forma de pensar, las personas enojadas deben tomar conciencia de su naturaleza exigente y convertir sus expectativas en deseos. En otras palabras, decir "me gustaría" algo es más sano que decir "exijo" o "debo tener" algo.

3. Resolución de problemas

Es inevitable sentir ira pues hay problemas reales y supone dar respuesta a algunas dificultades, para hallar la solución pero aún es más sano concentrarse no tanto en hallar la solución sino en cómo manejar y enfrentar el problema.

Las personas que tienen problemas con la planificación pueden considerar útil buscar una buena guía para organizarse o administrar el tiempo. Resuelve a dar lo mejor de sí, pero también a no recriminarte si la respuesta no surge de inmediato.

4. Mejor comunicación

Como ya dije anteriormente para mejorar la comunicación y evitar males peores, hay que pensar en las respuestas y no ser extremistas, es decir ante una discusión acalorada lo primero es tranquilizarse y pensar las respuestas. No digas lo primero que pase por tu mente, tranquilízate y piensa con cuidado sobre lo que quieres decir. Al mismo tiempo, escucha activamente lo que está diciendo la otra persona y tómate tu tiempo antes de responder.

Escucha también al trasfondo de la ira. A veces eso nos confunde y juzgamos anticipadamente. Por ejemplo, imagina que en la relación de pareja tú quieres tener cierto grado de libertad y espacio personal y tú pareja desea tener una mayor comunicación y una relación más estrecha. No contraataques describiendo a tu pareja como un carcelero, un guardián o un estorbo.

Aunque es normal ponerse a la defensiva ante las críticas; escucha el trasfondo de las palabras. Tal vez el mensaje es que la persona se siente abandonada y no querida.

No permitas que tu ira, ni la de tu pareja, hagan que la discusión se salga de control. Mantenerse tranquilo puede evitar que la situación se vuelva desastrosa.

¿Te imaginas cuantas separaciones se pudieron haber evitado, si fuésemos más conscientes y practicásemos siempre la escucha activa?

5. Usar el humor y la imaginación

El "humor tonto" puede ayudar a calmar la furia, como por ejemplo:

Si insultas a alguien con la expresión "cara nalga" o "croqueto", luego detente e imagina cómo sería literalmente esa palabra, imagina una cara nalga o un croqueto en el escritorio de tu compañero, hablando por teléfono y asistiendo a reuniones. Haga esto cada vez que desee insultar a otra persona; si puedes, haz un dibujo de cómo se vería. Esto calmará bastante tu furia; y a menudo puedes recurrir al humor para ayudar a aliviar una situación tensa.

Usa el humor de forma inteligente, no te rías de tus problemas, enfréntate a ellos de forma constructiva y no lo uses de forma cruel y sarcástica ya que no es saludable.

6. Cambia tu entorno

A veces es nuestro entorno inmediato el que nos causa irritación y furia. Date un respiro. Asegúrese de tener "tiempo personal" programado para los momentos del día que sabe que son especialmente estresantes. Por ejemplo, yo como madre que trabajo he establecido una regla fija de que cuando llego del trabajo, los primeros 15 minutos deben ser un momento tranquilo. Con este breve respiro, me siento mejor preparada para manejar las exigencias de mis hijos sin que me saquen de quicio.

Estos recursos están a tu alcance y te ayudan a superar y manejar tus enfados de forma coherente y sana, disminuyen los conflictos, mejoran las relaciones y nos ayudan a ser más productivos perdiendo menos tiempo en resolverlos.

La forma en que empiezas el día y decides como pasarlo, es como lo terminas.

¡Ánimo! Comienza a usar estos tips cuando surjan discusiones o malentendidos y me cuentas, cada vez serán menos.

Espero que una vez leídos y puestos en práctica, entrenes a diarios estos 6 trucos, reflexiones sobre ello y te ayude a organizarte mejor en tu trabajo, casa o quehaceres diarios.

Como siempre te digo tu día pueden dar mucho de sí, si sabes sacarle provecho y te sientes satisfecha / o, por poco que hagas siempre avanzarás sin rendirte y las energías no se agotarán y podrás obtener abundancia extra y tiempo con amor.

La forma en que empiezas el día y decides como pasarlo, es como lo terminas.

LA PEREZA, TU AMIGA O TU ENEMIGA·5 TIPS PARA ALEJARLA

Tomar acción y ser consciente de lo que se quiere es la clave para obtener resultados. Las buenas intenciones, los deseos o las afirmaciones solo nos harán procrastinar pues todo se queda en nuestro pensamiento como pendiente de hacer, nos provocará ruido mental y no nos dejará en paz, pues estarán ahí hasta que cerremos capítulo.

Todo tiene un principio y un final, pero depende de nosotros, empezar a tomar acción.

Las personas soñadoras están mirando al cielo e ilusionándose por lo que quisieran lograr, planean y se emocionan pensando que se sentiría al lograrlo. Mientras que las personas que cumplen lo que se proponen, están muy ocupadas trabajando cada día para hacer realidad lo que han soñado.

¿Te quieres ver como persona soñadora o por el contrario quieres ser proactiva?

Hay que querer y empezar. Ponerse unas fechas o límites y comenzar, no hay que esperar al momento mejor, el momento es ahora.

Si te dedicas a hacer una pequeña acción casi imperceptible cada día para lograr tu propósito, te aseguro que a final de año, estarás llegando a la meta con éxito.

Si no haces lo que tienes que hacer, eso va a repercutir en tu calidad de vida. Tú tienes el tiempo en tus manos, sólo necesitas tomar acción cada día para cumplir tu meta.

Como sabes, ya hemos finalizado un trimestre, ¿Y qué has conseguido? ¿Te has parado a pensar y enumerar todo lo logrado en tus propósitos de este año?

Si no es así, tal vez la pereza te está controlando.

Si quieres cambiar tu vida de verdad, ¿a qué esperas para tomar esa decisión? ¿Qué te retiene? ¿Tal vez sea el cambio climático? ¿Tal vez la pereza? ... Sabes que son excusas...

La pereza es la negligencia, *astenia, tedio o* descuido en realizar actividades.

En el caso de los seres humanos (y otros animales), tenemos un cerebro muy grande y que consume mucha energía (20% del total que necesita el cuerpo), tanto si se usa, como si no. No utilizarlo supone un desperdicio de energía. Para evitarlo, una sensación desagradable, el aburrimiento, evita dejar inactivo el cerebro y otra agradable, la curiosidad, mueve al individuo a buscar algún tipo de actividad interesante, aunque no haya una necesidad inmediata. Las actividades no tienen por qué ser puramente mentales; sirve cualquier actividad en la que intervenga el cerebro, desde leer *hasta* hacer deporte.

A las personas que evitan realizar cualquier actividad de las cuales el beneficio no sea al instante se les llama vagas, perezosas, holgazanas, gandules, haraganas, procrastinantes o dejadas. Las causas para tener dicha tendencia pueden ser muchas y variadas, desde mala alimentación *o* enfermedades o simplemente que las actividades que realizan no les resultan beneficiosas.

Fuente de datos: Wikipedia.org

La pereza la sufrimos todos, es parte del ser humano, por ello te animo a cuidarte, a comer saludablemente, a realizar algún tipo de ejercicio, para no caer en ello, por lo que es importante cuidar estas facetas, ya que si el problema viene de ahí, va a ser más complicado para ti, superar tu pereza.

Las excusas, el saboteo, la procrastinación son los aliados de la pereza, así que si quieres avanzar en tu proyecto, meta u objetivo te muestro 5 tips para superarla y recuperar tu energía:

1.- Céntrate en lo positivo:

Elimina tu diálogo interno y céntrate en el próximo paso. Pregúntate, ¿dónde te quedaste y que debes hacer ahora? Visualiza que ya lo tienes hecho y que te ha hecho falta para terminarlo.

Fíjate en todo lo positivo, que has tenido que hacer y superar para llegar hasta ahí. Ya sabes que el cerebro nos engaña, no dejes que te controle, tú sabes que puedes y tú energía e ilusión te lo ha permitido, pues hasta ahora has conseguido muchos objetivos en tu vida. ¡¡Este no iba a ser menos!!

Todo ello te motivará para dar esos pequeños pasos que te llevarán a tomar acción. Nada es aburrido, si lo tomas como un paso que hay que dar para llegar hasta dónde te ha propuesto.

Enfócate en las ventajas que tienes al conseguirlo, anotándolas en un papel y leyéndolas siempre que lo necesites, inspírate en personas que también lo han logrado y modela sus comportamientos (vídeos o historias de YouTube.)

2.- Haz que sea Cómodo y Fácil:

Cuida el orden de los pasos a seguir: el ¿cómo y cuándo?, separar las acciones y revisarlas continuamente, son tres pasos básicos y fundamentales para un progreso exitoso.

¿Cómo y cuándo? Jack Can Field En su libro, "Los principios del éxito", describe este punto al explicar que debes aprender la diferencia entre lo que es una meta y lo que es una buena idea.

Digamos que necesitas un plan para mantener el orden de tu oficina y nunca encuentras el momento.

Sería una buena idea por ejemplo escribir que día ya qué hora te viene mejor empezar a organizar, pero ¿cómo se traduce eso a una meta verdadera? ¡Fácil! Incluyendo la descripción de cómo y cuándo. Lo que la hace algo verdadero es añadir medidas de tiempo y los pasos necesarios para que pueda mantenerse como un elemento accionable.

Escrito como una meta, esa misma idea puede verse más como: "Organizar mi oficina a última hora cada día durante esta semana, cerrando el resto del trabajo 15 minutos antes de irme a casa, empezando por el archivo de papeles, organizando cajones y dejando limpio el escritorio para trabajar en él ".

Asegúrate de que las metas incluyan el cómo y cuándo puedan sostenerse por sí mismas y no sólo como "buenas ideas".

3.- Separar las acciones a realizar:

Si algunas de esas cosas que quieres hacer, son demasiado grandes, y lleva tanto tiempo hacerlas y tantas complicaciones, es normal que se te haga un mundo llevarlas a cabo, y finalmente acabes por procrastinar y no empezar nunca.

En nuestro ejemplo: Si hay muchos papeles por archivar y carpetas que reciclar, dedica tres tardes a ello, otra tarde a los cajones, otra al escritorio y estantes.

El caso es que cada día vayas avanzando un poco más, hasta que finalmente las termines casi sin darte cuenta.

Puedes motivarte premiándote por cada acción que completes, Cuando llegues a casa, date un baño relajante o bien queda para tomar una copa con los amigos. Así al pensar en ello te motivarás en hacerla y terminarla.

4.- Revisa las acciones y crea el hábito:

Ahora toca lo difícil. Una vez conseguido el orden ahora toca mantenerlo.

Si todos los días dedicas 10-15 minutos en poner orden a tu oficina, (fijando siempre un cómo y cuándo), guardar los papeles en sus carpetas, limpiar el escritorio, etc. será coser y cantar.

Siempre se mantendrá organizada y acabarás con el lio mental que suponía llegar cada mañana y ver ese caos, que te desmotivaba. Ahora te sentirás más a gusto y productiva en tu lugar de trabajo, dónde puedes encontrar fácilmente sin perder tiempo y energía en buscar la información que necesitabas

Ello creará un hábito y desarrollarlo hará que lleve de forma automática a la acción ya tu éxito. Los hábitos son cosas que hacemos por costumbre, en automático y sin esfuerzo, como puede ser el acto de lavarse los dientes o mantener limpia y organizada tu oficina.

El hecho de tener hábitos te permitirá ahorrar un montón de energía y tiempo en las acciones necesarias para la consecución de tus metas, y por consiguiente, no te darán pereza hacerlas, seguirás motivado.

Cosas que pueden ayudarte a ponértelo cómodo: eliminar distracciones, rodearte de personas que te reten e inspiren a hacer lo que tienes que hacer, trabajar tu motivación y seguridad en ti misma.

También el compromiso público, si te comprometes con otras personas e incluso publicas tu compromiso, va a serte más difícil procrastinar, aunque sea para no quedar mal.

5.- Reposa:

Duerme y descansa lo necesario, todo lo que te pida tu mente y tu cuerpo dentro de unos límites, es fundamental llegar con energía para entrar en acción, con un buen estado anímico y poder rendir más y mejor. Pero descansa con cabeza y saludablemente.

Ver la tele, es una acción que consume mucha energía, aunque creas que te relaja. Si quieres de verdad nutrirte y cargar pilas, descansa tu cabeza. Tú mente y cuerpo te lo agradecerán.

¿Y tú? ¿Cómo haces para vencer la pereza? Comparte conmigo tu experiencia, dudas e inquietudes aquí debajo en la zona de comentarios, prometo responder a todos.

Escribe ahora ¡Estoy lista para hacer rendir mi tiempo y dejar la pereza atrás!

¡Estoy lista para hacer rendir mi tiempo y dejar la pereza atrás!

Cuando lo escribes, te comprometes mentalmente lo cual te ayuda poner en práctica alguna táctica cuanto antes.

Espero que una vez leídos estos 5 Tips, reflexiones sobre ello y organices o adecues una mejor organización en tu oficina, en casa, en tu bolso o en cualquier lugar que tengas que poner orden, olvidándote de la pereza y adquiriendo nuevos hábitos o retomar los perdidos.

Tus 24 horas pueden dar mucho de sí, si sabes sacarle provecho y te sientes satisfecha, por poco que hagas siempre avanzarás sin rendirte y las energías no se agotarán y podrás obtener abundancia extra con amor.

SI TRABAJAS DESDE CASA HAZLO CON AMOR·TODO SERÁ MÁS FÁCIL

10 tips para organizar tu oficina en casa

Una forma de expandir nuestros ingresos, es trabajar desde casa o dedicar unas horas a realizar alguna actividad que te apasione ya sea por cuenta propia o como Freelance, desde casa (según tu disponibilidad).

Es cuestión de organización y buenos criterios en tus prioridades. Cada día somos más las personas que hacemos por tener un espacio u oficina en nuestro hogar y eso no significa que tengas que olvidarte de un ambiente profesional o productivo, le puedes dar tu toque personal, con el que te encuentres más a gusto dentro de tus posibilidades.

Aunque pueda parecer un reto, para separar la oficina en casa del resto del área habitable, sólo se necesita darle al asunto un poco de tiempo para planificar, reflexionar y darle creatividad. Sigue estos tips fáciles para transformar tu oficina en casa en un espacio de trabajo agradable, eficiente y organizado.

Si todo lo haces con amor, el hecho de sacrificar un poco de tiempo para obtener más ingresos en casa, no supondrá una carga más, (ya sabes que si te dedicas a tu pasión, el tiempo no pesa). Tienes que ubicarte en un espacio que no degrade tu bienestar personal ni el de los tuyos, al fin y al cabo están a tu alrededor, y son tu principal fuente de apoyo y motivación.

1. Encuentra el lugar perfecto. Para mantener la oficina en casa organizada es necesario elegir un lugar adecuado y apartado para que tenga el único propósito de ser tu oficina en casa.

No será efectivo si eliges un espacio compartido como la mesa de la cocina o el escritorio de tu hijo mientras está en la escuela. Selecciona un espacio que no estorbe el camino del tráfico de los peatones, donde el ruido u otras fuentes de interferencia no afecten, y que pueda ser la base de tu oficina en casa. Adapta ese espacio a tus necesidades.

Una terraza cerrada y acondicionada, un hueco de escalera, un armario profundo que no usa a menudo, un rincón en una habitación.

2. Pon atención a lo que funciona mejor para ti; tu reacción hacia tu escritorio actual o los arreglos de tu área de trabajo debe guiarte en como prefieres que tu área de trabajo funcione para ti, en lugar de que sea al revés.

3. Revisa que todo esté ergonómicamente adecuado para ti. Aunque sean unas horas, es

muy importante sentirte cómoda y segura. Escoge mobiliario (silla, mesa y estantes) que te moverte con facilidad, espacio para escribir y sitio dónde colocar y almacenar todas tus carpetas y papeles, siempre siguiendo un orden y ergonomía, pues una silla que no haga que tus piernas se sientan amortiguadas o una mesa que simplemente no tenga el espacio que necesitas, pronto hará que te alejes de allí para buscar otras partes de la casa dónde trabajar y para mejorar tu nivel de comodidad.

4. Quita las cosas superfluas. El desorden hará que te sea imposible organizar tu oficina en casa. Coloca lo imprescindible y necesario. Aunque yo opino que una planta y un pequeño cuadro de un paisaje, te harán tu estancia más grata.

5. Acomoda los cables. Los cables son a veces un obstáculo, intenta colocarlos buscando soluciones eficaces (conexiones inalámbricas, soportes y organizadores) pues a veces los alambres enredados bajo tu escritorio lo único que hacen es atrapar polvo, hacerte ver desorganizada, y sirven para enganchar tus pies o las patas de tu mascota (tu fiel compañera). Los teclados y mouse inalámbricos son buenos dispositivos que hacen que liberes tu espacio y tus movimientos.

No es una tontería, pero mira ahora bajo tus pies... ¿Cómo te sientes? Y en tu escritorio... ¿Cuántos cables hay rodando?

> 6. Asegúrate de tener la iluminación adecuada. Una oficina en casa necesita buena iluminación para ayudar a ver adecuadamente a toda hora del día.

Está demostrado que la iluminación influye en el rendimiento laboral. Iluminar un sitio de trabajo adecuadamente es un factor determinante en la productividad, además de que aumenta la concentración, relaja la vista y evita los dolores de cabeza. La falta de luz produce agotamiento en los ojos al estar más forzados y el cansancio o aburrimiento se hace más presente.

Para la iluminación de la oficina tienes que tener claro dos puntos clave, y es crear un espacio funcional ya su mismo tiempo práctico. Una correcta iluminación crea un ambiente limpio y aumenta la creatividad. Si puedes aprovechar la luz natural, mejor que mejor pues te ayuda a ahorrar en la factura de la luz mensualmente. La luz focal es imprescindible. Generalmente se usa para este tipo de mesas las lámparas flexo, aconsejan ponerlas en el lado derecho.

Es importante a la hora de colocar los diferentes puntos de luz, tener en cuenta hacia donde se proyecta y evitar los reflejos en las pantallas de los ordenadores o espejos.

> 7. Etiquétalo todo. ¡Deja de esforzarte tanto al buscar las pestañas de los archivos e invierte en una etiquetadora en lugar de eso!, Ganaras tiempo y espacio Los folder colgantes con pestañas transparentes para etiquetar en orden alfabético (u otro orden lógico) te permitiría tener acceso rápido a tus archivos. Deben tener suficiente espacio en el archivo de manera que no tengas que empujar otras carpetas para buscar dentro de uno.

Los archivadores pueden ser muy pesados y, debido a sus gavetas, pueden volcarse por accidente, asegúrate de evitar este riesgo y más si hay niños alrededor.

> 8. Usa estantes para guardar libros. Si usas libros para tu trabajo, tendrás el espacio necesario si tienes estantes dentro o cerca del espacio de trabajo para tener acceso a ellos fácilmente en lugar de apilarlos en tu escritorio o en el piso. Trata de mantener los estantes limpios y ordenados todo el tiempo y asegúrate de afianzar todo, en lugares fuertes en la pared si hay niños cerca, pues corre el riesgo de caerse por el peso.

9. Clasifica los papeles y tritura los que no necesites. No acumules e intenta hacer limpieza todos los días, ya sea para guardar lo importante como para tirar lo innecesario. No dejes nada en la mesa cuando termines. Puede haber accidentes caseros.

10. Dedica 5 m diariamente, al final del día. Antes de terminar el día, limpia un poco. Una de las mejores maneras de mantener tu espacio de trabajo en casa ordenado y productivo es tomándote cinco minutos al final de cada día para arreglar tu escritorio. Te sentirás de claridad mental y orden.

Di en voz alta y si lo escribes mejor ¡Estoy lista para hacer rendir mi tiempo!

Cuando lo escribes, te comprometes mentalmente lo cual te ayuda poner en práctica alguna táctica cuanto antes.

Espero que una vez leídos estos 10 Tips, reflexiones sobre ello y organices o adecues una mejor oficina en casa. Tus 24 horas pueden dar mucho de sí, si sabes sacarle provecho y te sientes satisfecha / o, por poco que hagas siempre avanzarás sin rendirte y las energías no se agotarán y podrás obtener ingresos extra con amor.

Di en voz alta y si lo escribes mejor ¡Estoy lista para hacer rendir mi tiempo!

8 TIPS PARA DEJAR DE PERDER TIEMPO EN LAS REUNIONES

Cada vez que estamos más expuestas a infinidad de ladrones del tiempo y solo nosotras podemos tomar las medidas oportunas o las decisiones correctas para dejar de seguir perdiéndolo.

Es muy tentador meterse en YouTube o en Facebook para buscar una publicación y cuando menos lo esperamos, todo nos atrapa y lo que realmente íbamos a buscar se convierte en una hora de investigación absurda.

Cualquier notificación de una red social, nos lleva un círculo vicioso del cual nos cuesta salir, si no somos muy exigentes con nuestro tiempo.

Todo esto supone distracciones en nuestro tiempo libre (el que antes dedicábamos a nuestros hijos o a realizar alguna actividad física), **distracciones en nuestro trabajo cada vez más inmerso en** internet para seguir investigando o encontrar la dirección de algún cliente, una duda ortográfica.

Pero hoy no me quiero debatir en esto, sino en el tiempo que a veces se pierde en cualquier tipo de reunión.

A veces un breve encuentro en persona es más rápido y útil que un intercambio de docenas de mensajes de correo electrónico o llamadas de teléfono, pero para que así sea, hay que saber hacer reuniones eficientes.

He encontrado un artículo escrito por Elena Santos en el que hay posturas con las que estoy de acuerdo y por ello quiero compartirlo contigo; son consejos (Tips) muy efectivos, para lograr que tus reuniones **sean realmente útiles**, y no se conviertan en un agujero negro de tiempo.

Puedes aplicarlos tanto si eres el organizador como si eres un asistente y están basados sobre todo en experiencia personal (después de haber pasado muchas horas en una sala de reuniones o a que llegue mi marido de una breve y corta reunión del equipo de fútbol de nuestros hijos, que se convirtió en interminable debido a la dispersión de temas).

También encontrarás algunas aplicaciones **y servicios online** que pueden ayudarte con tus reuniones, desde controlar el tiempo que dedicas a cada punto, hasta redactar al acta que luego compartirás con los participantes. Todo es cuestión de proponérselo, y conseguir que tus reuniones se conviertan en una parte satisfactoria de tu trabajo dónde se encuentren soluciones satisfactorias para todos y podamos empatizar (un sitio donde vas a apagar el cerebro mientras alguien más habla)

Hay que ser considerado con el tiempo de los demás por lo que hay que ser eficiente en planificación y en preparación previa

1. **Comparte la agenda por adelantado.** Primeramente tendrás que tener claro que temas son los que se van a tratar y eso te ayuda a decidir si realmente es necesario convocarla, o se puede solucionar rápidamente vía correo electrónico, además compartir con los asistentes los temas a tratar 24 horas antes de la reunión , les permitirá ir mejor preparados y con distintas alternativas. Si no eres el organizador, solicita esta agenda a la persona encargada.

2. **Revisa la lista de invitados.** Las personas invitadas deben ser claves ya que de lo contrario no se podrá tomar ninguna decisión y será una pérdida de tiempo. Por otro lado, si te han invitado a una reunión y crees que tu presencia no es necesaria, no tengas miedo de rechazar la convocatoria (pidiendo, eso sí, que te envíen el acta después).

3. **Respeta esmeradamente los tiempos.** Llegar tarde a una reunión no sólo es una falta de educación, sino que además hace esperar a todos los demás que han llegado antes. Si eres el organizador, no esperes a los tardones:

empieza la reunión a su hora, respeta los tiempos asignados a cada parte (que habrás calculado antes en la agenda) y acaba a la hora prevista. Para incentivar a estos tardones, un "truco" (que me encanta) es hacer pagar un euro a todo aquel que llegue tarde. Luego, con el bote acumulado podéis ir a tomaros algo todos juntos.

4. **Crea un archivo de ideas.** Muchas veces en las reuniones es fácil salirse por la tangente, pero si es un tema de importancia, apúntalo en un "archivo de ideas" para incluirlo en el acta y tratarlo en otra ocasión, a no ser que sea Urgente, lo cual debería incluir notificado al recibirse la agenda para incluirlo en los temas a tratar.

5. **Asigna tareas antes de acabar.** Al finalizar la reunión cada uno de los asistentes, debe tener claro las tareas asignadas y la fecha estimada de realización de la tarea en cuestión.

6. **Toma notas personales.** Todos los asistentes deben llevar preparados los temas que les competen y tomar notas al respecto derivados de la agenda que quieran tratar, además de apuntarse la tarea que se le haya asignado al finalizar la reunión.

7. **Para el acta de la reunión**, idealmente, se debería asignar a una persona al comienzo de la misma que tome notas con su portátil (para ahorrarse el trabajo de pasar las notas manuscritas a un email) y el resto con lápiz y papel (no con ordenador) ya que el uso de tecnología (portátiles, móviles, Tablet) en una reunión es más una distracción que otra cosa, y a la mínima que desconecta del tema te encuentras comprobando el email o mirando redes sociales. De hecho, en algunos artículos sobre este tema recomiendan prohibir la entrada de Smartphone *en* la sala de reunión.

8. **Haz seguimiento de la reunión.** Al finalizar la reunión sería bueno recolocar las ideas principales, tareas y fechas asignadas, así como los temas de archivo pendientes. Mandar a los dos días una nota de recordatorio a cada asistente.

Apps y servicios para mejorar tus reuniones

Existen multitud de aplicaciones y servicios online que puedes usar si las conoces y le sacas partido para incorporar la tecnología en tus reuniones y las más efectivas. Algunas de ellas hijo:

- **Team Meeting Checklist** es un sencillo formulario web que te permite **comprobar si lo tienes todo a punto** para tu reunión, incluidos varios de los puntos que comentábamos antes. Una vez rellenado, podrás enviarlo a los participantes en la reunión, adquiriendo con ellos un compromiso.

También puedes imprimirlo para tener una copia siempre a mano.

- **Evernote**: ¿Quién no lo conoce? Esta herramienta que se define a sí misma como un cerebro externo nos puede facilitar mucho la vida. En mi caso, es la herramienta sobre la cual trabajo directamente en la reunión para anotar todo lo que se dice.

En ella apunto las ideas básicas, pero principalmente aprovecho otras funciones del sistema que me **ayudan a contextualizar después de la reunión**: la posibilidad de tomar fotos y añadir audio.

Uno de los problemas de las reuniones reside en dejar cuatro notas que al cabo de una semana pierden fuerza sin el contexto, pero si sacamos una foto de un esquema o un boceto, y también añadimos unos segundos de audio de parte de la reunión recordaremos en segundos el contenido de la misma por mucho que pase el tiempo. Al Ser multiplataforma y en la nube, Podremos leer o editar en otro Dispositivo de forma sincronizada.

Espero que una vez leídos estos 8 Tips, reflexiones sobre ello y organices mejor tus reuniones y mires por tu tiempo y el de los demás.

Tus 24 horas pueden dar mucho de sí, si sabes sacarle provecho y te sientes satisfecha, por poco que hagas siempre avanzarás sin rendirte y las energías no se agotarán.

Hay que ser considerado con el tiempo de los demás por lo que hay que ser eficiente en planificación y en preparación previa

EXISTE COHERENCIA ENTRE TÚ, TUS VALORES Y LOS DE TU EMPRESA

En este nuevo post, sigo escribiendo sobre ellos, sobre los valores. ¿Por qué?

Porque pienso que hace mucho tiempo hay gente que ni siquiera sabe para qué sirven, o se nos olvidan, no fundamentan sus creencias ni su crecimiento en ellos por lo que la información, la educación y conocimientos que transmiten está exenta de principios, ni siquiera tienen una escala de valores en coherencia con su vida lo cual me parece triste, pues ellos, son una gran influencia en el comportamiento y actitud de las personas, indican la conducta que debe tomar la persona, en el sentido que una acción puede ser "buena" o por el contrario puede ser considerada "mala" según los valores adoptados.

Pero... ¿qué valores son los adoptados?

Los valores más conocidos son la responsabilidad, compromiso, respeto, honestidad, confianza, bondad, gratitud, disciplina, justicia, gratitud, entre otras. Estos valores varían de persona a persona, y su importancia depende de las prioridades que se tienen en su momento, y las experiencias vividas.

Existen distintos tipos de valores como los valores éticos, morales, ideológicos, culturales, económicos, personales, religiosos, políticos, sociales, estéticos, entre otros.

¿Cómo se forman los valores?

Los valores son formados por muchos factores, entre ellos la familia, tradiciones, cultura, medios de comunicación, entre otros. Por lo general, las personas desarrollan su personalidad, su actitud y comportamiento de acuerdo a sus valores.

Por ello es muy importante tener una fuerte base en valores para poder transmitirlos a nuestras generaciones futuras, nuestros hijos.

Hablamos de los continuos cambios en la sociedad, debido a los avances tecnológicos entre otros, hablamos de que hoy la edad de la adolescencia comienza antes... y muchas veces los padres nos estamos preparados para afrontar cambios, no nos ha dado tiempo a asimilar, a transmitir y ser consecuentes con nuestros valores, nuestros chicos aprenden de lo que ven, escuchan lo que se les dice... pero ¿Cuánto tiempo pasamos con ellos?

Qué valores aprenden si están más tiempo con la TV y la PLAY... y hoy en día hay series de tv... que ni con el control parental se pueden controlar... pues las repiten y las dan en varios canales... y siempre hablan de lo mismo... y ante eso, ¿ahora qué?

Continúas discusiones, sentimientos rotos, malas caras, lo cierto es que pienso que las familias como grupo social tenemos muy poca ayuda por parte de nuestro Estado, Estado del Bienestar, nos estrujan.

Como trabajadores apenas existe la conciliación familiar a no ser que reduzcan tu sueldo, lo cual no te permite llegar a fin de mes, como padres de familia estamos constantemente sufriendo, avalanchas de consumismo y para nada promulga con lo verdaderamente importante del ser humano... tan solo nos queda la escuela, dónde pasan como mucho 6 horas diarias adquiriendo información y me gustaría creer que formación en valores o gestión de las emociones y luego ¿que nos queda? ... el poco tiempo que pasamos con ellos o bien están haciendo sus tareas o bien con sus amigos incluidos los fines de semana o jugando a la Play.

Así que ¿Qué podemos esperar?... Tenemos que tomar las riendas de nuestra vida, de nuestra familia y dedicarnos cada día un rato a practicar la consciencia en los valores que aplicamos, tomarlo como un hábito y que nuestros hijos respiren... y crezcan en dignidad.

Algunos de mis clientes, cuando les pregunto cuáles son sus valores y la escala en su vida, tienen dudas, pues esta pregunta ni siquiera se la plantean en su vida.

¿Quieres saber cómo puedes conocer o recordar sus valores?

Para conocer mis valores debo descubrir primero aquellas cosas que son importantes para nosotros. Una buena forma de lograr esto es reflexionando esos momentos que nos sentimos bien con nosotros mismos y en los cuales pudimos estar seguros de tomar una decisión sin arrepentimientos.

Primer Paso: Identificar momentos felices

Busca momentos de tu vida en los cuales fuiste feliz tanto en el área personal como profesional. Como método de ayuda puedes responder estas preguntas.

- ¿Que estabas haciendo cuando fuiste feliz?
- ¿Estabas acompañada? y de ser así ¿Con quién?
- ¿Qué detalles te ayudan a ser feliz?

Segundo Paso: Identificar momentos de orgullo

Con la misma reflexión del primer paso, responde estas preguntas.

- ¿Por qué estaba orgullosa?
- ¿Ese orgullo fue solitario o lo compartí con alguien? ¿Con quién?
- ¿Qué aspectos contribuyeron a sentirme orgullosa?

Hazte preguntas de este tipo y si necesitas, también existe un listado de valores dónde puedes apoyarte para ver resultados son los que a ti te mueven o sin saberlo lo estás practicando, apuntalo en una lista y luego los clasificas en orden de importancia, ya verás que cuando los leas te darás cuenta de que tu vida es mucho más profunda de lo que pensabas.

Tenemos que tomar las riendas de nuestra vida, de nuestra familia y dedicarnos cada día un rato a practicar la consciencia en los valores que aplicamos, tomarlo como un hábito y que nuestros hijos respiren... y crezcan en dignidad.

172

7 FORMAS DE SER MÁS AUDAZ Y VALIENTE EN TU VIDA Y TU TRABAJO

VALENTÍA

Qué bonita es esta palabra. ¡Cuánto significado y valor aporta!

VALENTÍA un Valor Excepcional para Admitir nuestros errores y ratificarlos así podremos comenzar con el proceso de cambio para ser mejores personas y por lo tanto hacia una mejor sociedad.

En otro post hablamos sobre humildad y sabes que todos los valores son importantes en nuestras vidas desde el momento en que nuestros padres nos lo inculcan para ser cada día mejor persona, sin los valores poco tenemos de seres humanos, respeto, amabilidad, solidaridad, humildad… etc. son muchos los valores que debemos ir recobrando y hoy quiero hablarte de la Valentía.

Valentía es un valor excepcional para admitir nuestros errores y ratificarlos, una forma de comenzar con el proceso de cambio para ser mejores personas y por lo tanto contribuir en la sociedad aunque sea con pequeños actos, todos juntos conseguiríamos un mundo mejor.

Si no aprovechamos nuestra valentía al máximo no podemos sacar lo mejor de nosotros mismos.

Cuando no se tiene valentía y decisión, el miedo, la ansiedad y la vergüenza se encuentran en nuestros principales aliados y resultó notablemente nuestra infelicidad.

Valentía no es solo ausencia de valor, es la capacidad de pensar, hablar y actuar precisamente a pesar del temor o la vergüenza que podamos sentir.

Analizarse y descubrir sin juzgar cambiando actitudes de una misma con respecto a las relaciones personales, es fundamental para desarrollar la felicidad, la maduración y la integridad.

Yo te animo a la reflexión y por qué no, a crear tu propia lista de actos de valentía, todas en algún momento hemos sido valientes y nos hemos enfrentado a la vergüenza y al miedo, más o menos nerviosas, pero hemos salido triunfantes, porque hemos antepuesto nuestro ser, nuestro pensar a nuestros miedos.

Por ejemplo, en casa, con nuestro marido, ante una conversación subida de tono, hemos sido capaces de decir que ese tono no es adecuado y si sigue así, abandonamos la conversación... el respeto ante todo.

Otro ejemplo en nuestro trabajo sería decir cómo nos sentimos y que es lo que realmente queremos cuando nuestro superior nos obliga en cierta forma a realizar un horario extra sin preguntarnos y nadie nos lo agradece abusando de nuestro miedo a quejarnos… la dignidad está por encima, y las cosas se pueden decir y hacer de muchas formas.

En el trabajo también debemos ser valientes.

No hay experto en el mundo que sepa mejor que nosotras como calmar a los demás, o poner a cada uno en su sitio, cómo rebajar la energía negativa o cómo ser más sincero en nuestras relaciones, siempre desde el respeto y la tolerancia. Los ejemplos enumerados pueden ser una guía útil.

Hay veces que por miedo a que nos rechacen, por miedo no somos valientes. Nadie es una súper heroína, quien diga lo contrario, miente. Todas somos humanas, con nuestras experiencias, miedos, temores, pensamientos, ideas, conclusiones y reflexiones.

El día a día, sus circunstancias y las experiencias vividas son actos cotidianos de valentía que nos marcan la diferencia con el tiempo, nos motiva a desarrollar nuestro deseo genuino de mejorar la relación y de una voluntad de cambio pidiéndolo o haciéndolo saber con poderosas palabras que invitan a la reflexión y al conocimiento aún mejor de cada una de nosotras.

Todo en esta vida es una cuestión de práctica, y la valentía, para ella, no supone una excepción a la regla.

Todos hemos pasado un mal momento o hemos tenido un miedo en la vida, algo que después con el tiempo, con el auto análisis o auto conocimiento podríamos llegar a pensar de una forma que nos ayude a minimizar el miedo y abrazar el valor en nuestra vida, en nuestro trabajo.

En este post te traigo 7 formas de ser más audaz y valiente en tu vida y tu trabajo, según Juan Carlos Valda.

1 - Identificar nuestros miedos y debilidades.

Hay que tomar consciencia y preguntarnos ¿qué es lo que tememos?, ¿qué nos da miedo?, en caso del trabajo ¿Qué debilidades tenemos tanto cómo persona u organización? Si nosotras hemos estado luchando por un objetivo, este no se cumple, empezamos a tener una vaga sensación de ansiedad o malestar, es una parte vital del proceso de miedo, el cual debemos aceptar y para ello salimos de nuestra zona de confort, una forma es reinventándonos constantemente, pero eso si focalizando hacía dónde queremos ir.

Hay temores bastante sencillos (por ejemplo, el miedo a las arañas o serpientes), y otros más complejos, como miedo de los tifones, nos asustan –la amenaza de muerte, devastación en nuestras vidas y más si la tormenta empieza fuera de nuestros hogares.

Si tomamos tiempo para llegar realmente a la raíz de lo que nos asustan, seremos capaces de procesar miedos utilizando los diferentes caminos, vías, con el fin de reducir el impacto que tienen en nuestra vida.

En el caso del trabajo o en entornos empresariales, podemos tener miedo a perder el trabajo, a que los objetivos profesionales no se cumplan o…, por ello hemos de ir manteniendo la calma, trabajando con constancia, audacia y valentía en el día a día, paso a paso pues pequeños resultados pueden dar un gran beneficio.

2 - Una vez identificado el miedo hay que explorar los peores escenarios para estar preparados.

Como por ejemplo pedir una reducción de jornada, pero tenemos miedo de ser rechazadas. En este ejemplo, el peor de los casos sería nuestro jefe que nos diga, haz las maletas y márchese. Pero es mucho más probable que nuestra petición sea aprobada o rechazada cortésmente.

Así daremos una situación que en caso de encontrarnos con ella sabremos cómo afrontarla.

3 - Conocer y poner en práctica alguna herramienta de relajación.

Las personas tenemos que lidiar con el estrés de maneras diferentes. Todas de una forma u otra conocemos o tenemos una técnica de relajación que se adapta a nuestra personalidad, es una parte vital de la gestión de miedo en nuestra vida.

Por ejemplo, para ayudar a controlar nuestros temores, podríamos probar:

a. Participa en la realización de ejercicios de meditación.

b. Entrenarte con un coach

c. Escribir en un diario

d. Cantar junto con música con el volumen alto

e. Asistir a eventos, reuniones de meditación, espirituales, etc.

No hay manera correcta o incorrecta para relajarnos, así que escuchemos a nuestra propia mente cuando se trata de encontrar actividades que vamos a tomar el borde de nuestro miedo.

4 - Hay miedos mentales.

Miedos que se adelantan a los acontecimientos y nos impiden seguir avanzando. (Miedo escénico) .Hay gente que piensa que más vale malo conocido que malo por conocer, pero podríamos cambiar el enfoque pensando que si estamos mal en ese sitio o puesto, más vale mejor por conocer que malo conocido.

5 - Hablar con personas de confianza de mi temor.

El miedo tiende a ser una cosa muy personal, lo que distorsiona nuestra perspectiva y magnifica nuestros miedos y si se lo explicamos a una amiga o miembro de la familia acerca de las cosas que tememos, conseguiremos ver nuestros miedos desde un ángulo diferente.

Nos sentiremos inmediatamente menos solas después de confiar en otra persona, y puede que nos encontremos precedentes de que esas mismas personas en su debido tiempo o distancia, también se encontraron en la misma situación.

6 - Hablar con un profesional: un psicólogo, un entrenador, un médico, un asesor, un experto.

Todos nos enfrentamos a miedos y - nueve de cada diez veces - estos temores son manejables. Sin embargo, en algunos casos, el miedo crece fuera de control, convirtiéndose en algo que impide activamente a las personas de vivir plenamente.

No hay nada vergonzoso en la búsqueda de ayuda profesional, y cada vez es más el número de personas que recurren a este tipo de ayuda. Este tipo de apoyo puede hacer en nuestra vida más llevadera.

7 - Enfrentamos a nuestros miedos de cara.

Hacerles frente y dejarlos para siempre a un lado. Crear nuestro plan de acción, por ejemplo: si tenemos miedo de pedir una promoción en el trabajo, es mejor establecer un plazo para nosotras y comprometámonos a hablar con nuestro responsable un día particular, es el momento de empezar a dar la cara, a ser valiente, audaz contra todo ello, todo bien meditado y pensado.

Todos tenemos miedos, pero no hay razón para dejar que ellos controlan nuestras vidas. Si Adoptamos las sugerencias anteriores, como todas las que nos pueden hacer llegar en nuestras vidas, trabajo, empresas, todo marchará mejor y seremos más felices.

Todos nos enfrentamos a miedos y - nueve de cada diez veces - estos temores son manejables.
No hay nada vergonzoso en la búsqueda de ayuda profesional.

PAUTAS PARA DAR UN GIRO A TU VIDA EN EL PLANO PROFESIONAL

Hoy en día tener un trabajo para toda la vida es misión imposible, antes medio se podía pero hoy en día la seguridad es incompatible con las expectativas y aspiraciones cada vez se nos exige más en un puesto de trabajo y cada vez exigimos más pues somos una generación inquieta, con ganas de crecer y mejorar salvo los conformistas que espera a ver qué pasa, y a veces no pasa nada y perdemos el tren.

Ahora la cuestión es:

Yo quiero tener trabajo toda mi vida, no un trabajo para toda la vida.

Yo Sé de lo que hablo. Dos veces en mi vida he dejado trabajos buenos, bien remunerados y más importantes aún, que me gustaban, a pesar de que las circunstancias no me acompañaban y por ello decidí dar el salto. No lo hice a lo loco, tampoco exageremos. Pero sí me habrían venido bien algunas pautas para saber afrontar mejor el cambio radical.

Aida Baída, compañera y coach *certificada* y fundadora de la web "Coach de la profesional", habla de siete pautas para atrevernos a dar el paso si queremos dar un cambio radical a nuestra vida profesional y como me parecen tan buenos, quiero compartirlos contigo.

Olvidar las excusas

La excusa más habitual es la edad.

«Que ya no tienes veinte años» es algo que escucharemos muy a menudo si decidimos darle un giro total a nuestra carrera. Si las asumimos en nuestro propósito, posiblemente estemos utilizándolas como excusa al miedo al fracaso.

Querer aprender

La formación es clave , quizá más en este momento que en ningún otro de la historia laboral. Tenemos más posibilidades que nunca de aprender sobre diferentes materias y en diferentes formatos. Solo hay una manera efectiva de tener éxito en diferentes campos: tener conocimientos actualizados sobre ellos. Si no tenemos afán de aprender, nos estaremos cerrando muchas puertas.

No perder de vista el objetivo

En este punto, entra en juego nuestra situación económica. En ocasiones, tenemos que aceptar cualquier trabajo por una situación de necesidad. Pero, si podemos permitírnoslo, debemos tratar de ser exigentes con lo que buscamos. Tener claro nuestro objetivo profesional y aceptar solo trabajos que nos acerquen a él.

Separar los ámbitos personal y profesional

Debemos desarrollar nuestra vida profesional alrededor de nuestra vida personal, no al revés. Saber separar el ámbito privado del profesional y decidir qué parte de nuestro tiempo y esfuerzo queremos dedicar a cada uno. O lo que es lo mismo: trabajar para vivir, no vivir para trabajar.

«TU CARRERA ES PARTE DE TU VIDA, NO TODA TU VIDA».

Defender tu derecho a cambiar de idea

En cualquier ámbito de la vida, mucha gente tiende a identificar el cambio de ideas con ser inconstante o tener poca personalidad. Cambiar de idea es normal, incluso necesario. Nuestra vida se va enriqueciendo de experiencias que hacen que no veamos las cosas iguales a los veinte años que a los cuarenta. Quizá la locura sería lo contrario.

Conocer bien nuestras aptitudes

Uno de los puntos fundamentales a la hora de cambiar de vida laboral es conocer nuestras propias aptitudes. Si yo decidiera en este momento que quiero ser gimnasta olímpica, me daría un buen batacazo (literalmente). Pero no solo es importante conocer nuestras aptitudes, sino tener claro que no debemos hacer algo solo porque se nos dé bien. La clave está en buscar el justo equilibrio entre lo que sabemos hacer y lo que queremos hacer.

Buscar la motivación

¿Qué es lo que nos motiva a dar un salto de la cama cuando suena el despertador? Esa es una de las preguntas que tendremos que hacernos. ¿Somos ambiciosos o conformistas? ¿Sociables o individualistas?

Aprender a conocernos nos ofrecerá muchas pistas sobre dónde ir en el terreno profesional. Si somos ambiciosos, no nos importará sacrificar gran parte de nuestro tiempo para lograr los objetivos. Si somos más sociables, será mejor huir de trabajos autónomos en que no tengamos relación con compañeros. Y así con cada característica de nuestra personalidad.

«TU CARRERA ES PARTE DE TU VIDA, NO TODA TU VIDA».

A LA VUELTA AL TRABAJO, ILUSIÓN E INTELIGENCIA EMOCIONAL

No hace falta decir más, ni hacer menos, sólo hace falta que te quieras y disfrutes con todo lo que haces, que busques recursos en tu interior para realizar las cosas de forma más eficiente y satisfactoria y así sentirte más útil, sabiendo que todo lo que haces, sirve para algo o para alguien, pues por poco que hagamos siempre aportamos valor y dejamos huella.

Cuando Trabajas Por Necesidad...
Y te impulsa cobrar DINERO

Te obligas. Te sacrificas. Te agotas.

Cuando Trabajas Disfrutando...
Te impulsa el placer y el dinero viene sólo.
Te apetece. Te motivas. Te cargas de Energía.

El Secreto para materializar la Abundancia en tu vida y en tu trabajo es...

Para disfrutar es imprescindible que sepas manejar tus Emociones

La importancia de las emociones para conseguir el éxito

Muchas veces reprimimos las emociones que consideramos negativas para que nos acepten y nos amen. Son hábitos aprendidos desde pequeños para conseguir el amor de nuestros padres y otros seres queridos.

Estas emociones no desaparecen, quedan atrapadas en nuestro cuerpo hasta el momento en que se manifiestan, estallando y tomando el control de nuestra vida.

Si tú manejas las emociones manejas tu éxito. Si las emociones te manejan a ti, vas lista.

Hay tres formas de manejar las emociones:

1. Reprimir
2. Exteriorizar
3. Liberar.

Tacho las dos primeras, pues no son eficientes:

1. Reprimir es callar, tragar, agota y quema.

2. Exteriorizar es gritar, con lleva rabia e incluso venganza.

3. Liberar es lo mejor. Es buscar paz interior, sentirla y comprender que eso que nos ha ocurrido se puede soltar para que no vuelva a nosotros pues no merece la pena sufrir por cosas y seguir sufriendo por ellas, cuanto antes las soltemos mejor. Hay que dejarlas libres. Hay que saber dejarlas libres.

Si prestas un servicio, es porque alguien lo requiere, por lo que, hazlo de la mejor manera que sepas, saca la mejor versión de ti mismo y verás cómo fluyen solas las recompensas.

"Es crucial reconocer y expresar cualquier tipo de dolor si no se quedará dentro, se alojará en el cuerpo y no hará reaccionar y vivir inconscientemente."
Dr. Deepak Chopra.

EMPRENDE DE CORAZÓN. 4 TIPS PARA CRECER AYUDANDO A LOS DEMÁS

Llevo tiempo pensando… que te puedo ofrecer. ¿Qué puedo dar de valor?

¿De qué puedo escribir? Lo cierto, es que no se me ocurrió nada, hasta que vi una noticia de un cineasta que gracias a su generosidad, una chica mexicana de (Jalisco) puede realizar una biopsia.

Me encantan los temas de emprendimiento, de crecimiento y desarrollo personal. Hablar sobre ellos me produce sentimientos de abundancia, me enriquece diariamente, pero esa constante a veces se disipa y el vacío me inunda, siento que debo hacer algo más… algo más profundo.

¿De qué sirve el emprendimiento, si la salud no es plena o el corazón se siente vacío?

Como ya sabrás en muchos países la sanidad pública es solo para unos cuantos privilegiados e incluso hay países en los que ni existe. **¡Somos afortunados hasta de nacer dónde nacemos!**

No te olvides dar las gracias todos los días, por lo que eres, tienes y puedes disfrutar.

Lo cierto es que muchas personas, ni siquiera pueden plantearse crecer, cuando están padeciendo alguna enfermedad o su situación es crítica, es decir, su vida dependiente por desgracia de otros ya sean personas o recursos ajenos a ellos para poder vivir y seguir hacia delante.

¡¡A veces pienso que mal repartido está el mundo!! Y sé que no soy la única que piensa en ello.

Es muy fácil o cómodo preocuparse por uno mismo y sus seres más cercanos... pero la realidad es que a nuestro alrededor hay personas de las cuales dependemos ya sea para alimentarnos (tiendas de comida), vestirnos (tiendas de ropa), para la educación (maestros), para la seguridad y el orden (policías).

En fin todos tienen su misión en la vida y a todos les tenemos que estar agradecidos. Son tantos y tantos seres que se nos escapa de nuestro razonamiento, pero aún hay más personas que realmente no pueden decir lo mismo, pasan hambre, no tienen dinero para comprar lo más básico o no tienen ayudas sociales pues no hay suficiente para todos

¿A quién pueden dar las gracias? Se dice que son felices con muy poco, pero si además le quitan la salud ¿Qué les queda?

Vivimos en un estado de bienestar – ¿Bienestar para quién?

¿Cómo es posible que la salud o la obtención de los recursos básicos para mantener ésta, sea tan difícil para estas personas en el siglo en que vivimos?

E incluso, no nos tenemos que ir muy lejos para comprobar que hay muchas personas con necesidades (no sólo se ve, se nota) pueden estar junto a nosotros cuando salimos del trabajo, o cuando nos paramos en un semáforo o cuando andamos por el centro de la ciudad. Todas esas personas que duermen en albergues o con cartones dentro de un cajero... ¿me sigues? Y ¿Cuántas veces les has dado la espalda por no saber o no sufrir?

Aunque parezca extraño aún sigue habiendo personas en esas condiciones y también hay que decir que cada vez hay más voluntarios y buenas personas que se dedican a ayudarles con un plato caliente u ofreciéndoles una manta o contribuyendo de alguna forma a facilitarles su vida.

Esto es también emprendimiento, no lo olvides. El emprendimiento suele ser un proyecto que se desarrolla con esfuerzo y haciendo frente a diversas dificultades, con la resolución de llegar a un determinado punto.

Aunque es un término usado más exclusivamente en economía y negocios, se trata de un proyecto, tu **proyecto de vida,** el cual trabajas con gran esfuerzo para ayudar a otras personas, haciendo frente a las adversidades de la vida para llegar a tu satisfacción personal… pues no hay mayor satisfacción, orgullo, claridad mental y abundancia de corazón que saber que has ayudado a otros con tus acciones… acciones del corazón.

¡¡CRECES COMO PERSONA Y HACES CRECER A LOS DEMÁS!!

Ya sabes, la **vida es un regalo y pasa rápido,** sin darnos cuenta… recréate en vivirla lo mejor que puedas, aprovecha el tiempo que te queda para vivirlo al máximo, disfrutando y haciendo **que disfruten los demás contigo, regalando vida.**

Te traigo 4 Tips para ayudarte en tu creatividad y tomes acción ya:

1.- La esencia de la vida es ir hacia adelante.

No esperes a que las cosas cambien, depende de ti hacer el día de hoy un día extraordinario y ese día puedes comenzarlo siendo participe de una **cadena de favores,** por ejemplo, en tu empresa. Comprométe a tus compañeros y en vez jugar al amigo invisible… poner un fondo común… por pequeño que sea y donarlo al alguien que lo necesite (kit de comida o kit de higiene, o ropa de abrigo o ayudar a encontrar un sitio donde pueda pernoctar) Y difundirlo a otros compañeros, amigos que trabajen en otra empresa.

2.- Te traigo un artículo en el que se hace mención al **libro** de Juan Carr y Yanina Kinigsberg, en el que dan ideas de cómo comprometerse con el otro "**100 acciones solidarias**", **o varias formas de ayudar** "por ejemplo donar sangre , donas médula ósea, fomentar el gusto por la lectura y "dejar en algún lugar un libro que te gustó para que alguien lo lea".

3.- **Eroski,** durante cada Campaña de Navidad, también te proporciona varias ideas de cómo puedes ayudar, donando alimentos a los bancos de alimentos, juguetes... por ejemplo.

4.- **Oxfam Intermon** también te trae una guía en las que con pequeños gestos cotidianos pueden ayudar a los demás. Cómo donar objetos y enseres que ya no uses o que les pueda servir a otros más que a ti. Ayudar a educar en solidaridad.

Crecer y ser feliz, no significa emprender a nivel profesional o conseguir ese ascenso tan ansiado o al llegar a casa te encuentres la mesa puesta o el frigorífico lleno, sino que pienses que somos algo más que eso y aquí no sólo venimos para conseguir nuestras metas profesionales, sino para aportar valor, contribuir con los nuestros, con nuestra sociedad.

Actúa y comprueba por ti misma los beneficios y la satisfacción que producen saber que estas ayudando con tu compañía, con tu trabajo, con tu crecimiento a otras personas que te necesitan.

Y no olvides, que llegaste a este mundo sin nada y te irás sin nada, así que llena tu corazón de acciones de amor hacia los demás... no solo en estas fechas, conviértelo en una de tus principales rutinas y ya verás cómo tu vida tendrá un sentido más profundo e intenso y lo superficial quedará atrás.

Acciones del Corazón

¡¡CRECES COMO PERSONA Y HACES CRECER A LOS DEMÁS!!

10 CLAVES PARA SER ALGUIEN IMPORTANTE

Para emprender con éxito y hacerte notar en este mundo, es necesario encontrar un elemento diferenciador.

En el libro "Tu futuro es hoy" (Alienta Editorial), Francisco Alcalde y Laura Chica, especialistas en management y coaching, trazan una guía para desenvolverse en el incierto mundo laboral y cómo influye en el desarrollo personal.

Ambos destacan la importancia de crear una marca personal, que nos permitirán ganar clientes (si somos empresarios) o empleabilidad (si trabajamos por cuenta ajena). Y las claves para tener nuestra marca son entre otras:

10 Haz de la autenticidad tu poder

Hay que ser auténtico, singular, conocerse muy bien y ser coherente, para ello hay que alinear nuestra identidad con nuestras creencias, así encontraremos nuestra potencialidad.

Jan Marie Dore (asesora de marcas) dice: "La marca propia consiste en determinar quién eres en lo más profundo de ti mismo, en el lugar de inventar una marca con la que te gustaría ser percibido".

· B*ob Dunham*, fundador del Institute for Generative Leadership, escribe: "Si te conoces, sabes qué es lo que más te importa; si lo sabes, sentir a qué estás dispuesto y qué quieres comprometerte. Desde tus propios compromisos, puedes relacionarte con los demás y, entonces, y sólo entonces, tus acciones estarán en coherencia contigo mismo".

9 Se diferente y hazte querer por la gente

El éxito nace siempre de la diferenciación. Dedícate a ser el mejor siendo diferente. Quien es indiferente, es invisible, no hagas lo mismo que los demás, no seas del pelotón.

8 Haz de tu portafolio tu arma de venta

El ser auténtico y diferenciarte debes hacerlo tangible: tu cartera de productos y servicios. Es la materialización visible y palpable de ambas cosas.

Es la concreción de lo que se va a ofrecer al cliente; no se vende conocimiento, se venden conferencias, clases o talleres de algo; no se vende experiencia en desarrollo personal, sino coaching para ejecutivos. Tangibiliza lo que vas a ofrecer.

7 Haz te ver, se tu propio escaparate

Erasmo Rotterdam decía "El talento escondido no produce reputación".

Por eso, hay que estar en el ajo y al tajo, tanto en el mundo 1.0 como en el 2.0; en el primero, a través de la participación en conferencias y medios de comunicación así como a través de la asistencia a eventos para hacer networking; y en el segundo, a través de las distintas plataformas para ello –Facebook, Twitter, LinkedIn o Google +, entre otras–, que además tienen un efecto viralizador importante con lo que consiguen llegar a muchas más personas.

 # 6 Enfócate en crear valor

Tom Peters, autor de 50 claves para hacer de usted una marca, dice: "Si vas a crear una marca propia, debes conseguir estar concentrado sin descanso en aquello que aporte valor". Concéntrate en tu área de experiencia, porque la energía va donde se pone el foco y, si te dispersas, la energía también y empieza la mediocridad.

 # 5 Haz de la coherencia un estilo de vida

Ante todo y por encima de todo se coherente. La huella que se deja en los demás es producto de los hechos, no de las palabras. Casi todo el mundo puede dar una charla sobre prácticamente cualquier tema. Otra cosa es poner en práctica lo que se dice que hay que hacer.

 # 4 Se consistente y persevera

La marca personal no se construye con éxitos puntuales y discontinuos, sino a través de la consistencia en el tiempo. Para ser un referente, lo tienes que ser de manera sistemática y constante. Además, el mercado, en cuanto te descuidas, te olvida. Vales tanto como tú último proyecto.

 # 3 Haz de la actitud tu tarjeta de presentación

La gente quiere soluciones, no problemas. Es esencial afrontar la realidad, personal y profesional, con esperanza, con ánimo de encontrar siempre alternativas a los inconvenientes. Una buena marca personal siempre está asociada a lo positivo, porque un empresario no es otra cosa que un solucionador de problemas, alguien que hace más fácil la vida de la gente.

 # 2 Se íntegro

Si honesto, íntegro y legal. Si no juegas limpio, el mercado laboral acabará penalizándote. Los negocios se fundamentan en la confianza, y cuando la confianza se traiciona, habitualmente es para siempre.

 # 1 Haz de tus clientes tu credibilidad

La mejor publicidad es la que hacen los clientes satisfechos. Lo mejor para tu marca personal es tu cartera de clientes. Como apunta *Jeffrey Gitomer*, autor de El pequeño libro de las mejores respuestas en ventas: "Los testimonios son fuerza de reputación y ventas. Pregúntate: ¿cuántos tienes?". No hay que olvidar que el 85% de todas las ventas ocurren sólo después de que alguien dijera que el producto o servicio es bueno.

El "boca a boca" sigue siendo muy potente.

Haz de la autenticidad tu poder
Hay que ser auténtico, singular, conocerse muy bien y ser coherente, para ello hay que alinear nuestra identidad con nuestras creencias, así encontraremos nuestra potencialidad.

PARA EMPRENDER, RIEGA TU VIDA. CONECTA TU MOTIVACIÓN INTERNA

Hace tres años tuve el placer de entrevistar a Beatriz Ariza, Fundadora de filo coaching.

Filósofa, coach y escritora 2.0 con la cual me siento muy identificada. Ella es una de mis referentes y gracias a sus aportaciones aprendo mucho. Me encanta su forma de trabajar y ayudar a las personas. Se centra mucho en las reflexiones y herramientas para la vida práctica.

En esta entrevista tuve el placer de conocerla mejor y descubrir su gran calidad humana. Pude corroborar su fortaleza y su profesionalidad. La entrevista la tengo grabada. Pero por aquí no puedo entregártela.

No obstante te ánimo a que la sigas.

Estoy segura que una vez que lo hagas no dejarás de vivirlo. Ella habla sobre el orden y la productividad, pues sabe que es mi fuente de motivación e inspiración en mis trabajos, por ello hablamos de cómo aprovechar el tiempo aprendiendo, para ello hay muchos recursos recurrentes, como los Audiolibros, herramientas de coaching o las infografías.

Espero que hayas disfrutado esta guía de autoayuda y hayas aprendido mucho.

Y para acabar, al igual que dice Beatriz Ariza te recomiendo que no dejes de regar tus plantas." ¿Tú lo haces?

Di en voz alta y si lo escribes mejor ¡Estoy lista para hacer rendir mi tiempo!

Próximamente te tengo que contar algo.

Sé que te va ayudar en tu camino.

Ahora toca poner de tu parte.

SOBRE LA AUTORA: SUSY NIETO

Nací en Barcelona, dónde residí hasta los 11 años de edad. Tras licenciarme como Economista empecé a trabajar para una importante empresa en Córdoba durante 13 años, dónde crecí profesionalmente y aplique lo aprendido en mí día a día lo cual me supuso grandes logros profesionales y personales.

Controller (1993-2006), MDF (2000), Educadora Social en Cruz Roja Española – Baena (Córdoba 2010-2019), Formadora y Orientadora Ocupacional (2007), Certificación Internacional Experto en Coaching (2014), Bloguer en Womenalia (2014) Fundadora Escuela On Line Coaching PRO (2016), Consultora Económica (2019).

www.ingramcontent.com/pod-product-compliance
Lightning Source LLC
Chambersburg PA
CBHW070629220526
45466CB00001B/130